Adrian von Buttlar

NEUES
MUSEUM
BERLIN

Architekturführer

Adrian von Buttlar

NEUES
MUSEUM
BERLIN

Architekturführer

S M
B Staatliche Museen
zu Berlin

DEUTSCHER KUNSTVERLAG

1   Neues Museum, 2009, Westfassade

EINFÜHRUNG

Die im Oktober 2009, gut 150 Jahre nach seiner Errichtung, zum zweiten mal zelebrierte Eröffnung des Neuen Museums (Abb. 1) stellt nach der Wiederherstellung der Alten Nationalgalerie (2001) und des Bode-Museums (2006) einen weiteren Schritt der Realisierung des Masterplanes zur Sanierung und Modernisierung der Berliner Museumsinsel dar. Dieses einzigartige Ensemble von hochrangigen Baudenkmälern und Kunstsammlungen in der historischen Mitte der einstigen Hauptstadt Preußens verkörpert nicht nur die Anfänge des öffentlichen Museumsbaus in Europa, sondern auch mehr als ein Jahrhundert entwicklungsreicher Sammlungs- und Museumsgeschichte. Die Museumsinsel wurde deshalb 1999 mit dem Welterbe-Titel der UNESCO ausgezeichnet. Im Gegensatz zu den vier anderen Museumsbauten auf der Insel, deren ärgste Kriegsschäden in den ersten zwei Jahrzehnten nach 1945 behoben wurden, hat das stark zerstörte Neue Museum die Nachkriegszeit nur als notdürftig gesicherte und provisorisch genutzte Ruine überstanden. Konzept, Planung und Realisierung des Wiederaufbaus konnten erst nach der deutschen Vereinigung 1990 vorangetrieben werden und gerieten zu einer beispiellosen denkmalpflegerischen, baukünstlerischen und museologischen Herausforderung.

Nach den Entwürfen des englischen Architekten David Chipperfield und seines Restaurierungsberaters Julian Harrap ist in den Jahren 2003 – 2009 ein von der Fachwelt und Öffentlichkeit gefeiertes, aber auch kontrovers diskutiertes Meisterwerk entstanden, das in der aufwendigen Bewahrung und Wiederherstellung des kostbaren historischen Bestandes mit Hilfe modernster Konservierungs- und Restaurierungstechniken eine Pioniertat darstellt. Der durch Kriegseinwirkung und Witterungsschäden verlorene Nordwestflügel sowie der Südostrisalit, zerstörte Fassaden, Höfe, Räume und Innenausbauten sind hingegen im Sinne einer »ergänzenden Wiederherstellung« in einer charaktervollen modernen Architektursprache in den Bestand eingepasst worden (Abb. 62). Diese Synthese der Gegensätze, bei der Geschichte und Gegenwart zu einer spannungsvollen neuen Einheit verschmelzen, steht zwar methodisch im Sinne des Bauens im historischen Bestand nicht allein, erreicht aber im Neuen Museum eine spektakuläre und innovative Qualität. Um zu verstehen, warum das neue Neue Museum nicht einfach eine detailgenaue Replik des alten Neuen Museums werden konnte, wie es wohlmeinende Denkmalfreunde sogar mit Hilfe eines Volksbegehrens erzwingen wollten, ist es notwendig, die spezifische Bedeutung des 1843 – 1859 nach Plänen von Hofbaurat Friedrich August Stüler (1800 – 1865) errichteten Bauwerks näher kennenzulernen und die Geschichte seiner Zerstörung und seines Wiederaufbaus im Lichte der modernen denkmaltheoretischen und museologischen Anforderungen darzustellen.

GESCHICHTE
UND BEDEUTUNG

DIE MUSEUMSINSEL

Die Idee des öffentlichen Kunstmuseums geht auf die Epoche des aufgeklärten Absolutismus im 18. Jahrhundert zurück, als die fürstlichen Sammlungen nicht mehr vorrangig als Repräsentation von herrschaftlicher Macht und privilegiertem Geschmack, sondern als Instrument bürgerlicher Bildung, ästhetischer Erziehung und nationaler Identitätsstiftung verstanden wurden. Der 1798 vorgetragene Plan des Archäologen Aloys Hirt, in Berlin ein öffentliches Museum zu gründen, reagierte weniger auf den revolutionären Erlass des französischen Nationalkonvents vom Juli 1793, der erstmals das Recht des Volkes auf Teilhabe an den nationalen Kunstschätzen und die Gründung eines zentralen Kunstmuseums (des Louvre) verkündete, als auf die eigene fortschrittliche Tradition fürstlicher Bildungspolitik. Aber erst infolge der katastrophalen Niederlage Preußens gegen Napoleons Truppen 1806/07, erst angesichts des nachfolgenden napoleonischen Kunstraubes, als die berühmtesten Kunstwerke und sogar Johann Gottfried Schadows brandneue Quadriga vom Brandenburger Tor nach Paris verschleppt wurden, reifte die Berliner Museumsidee zu einem Projekt heran, das schließlich einige Jahre nach dem Ende der Befreiungskriege unter König Friedrich Wilhelm III. realisiert werden konnte.

Karl Friedrich Schinkel schuf mit seinem Museum am Lustgarten (1823 – 1830) einen Gründungsbau der modernen Museumskultur. Hinter der kolossalen griechischen Säulenhalle – geschmückt mit Wandgemälden zum Thema der Bildungsgeschichte der Menschheit – beherbergte es im Erdgeschoss die antike Skulpturensammlung, im Obergeschoss die Gemäldegalerie. Zugleich interpretierte Schinkel die Hoheitsmitte Berlins städtebaulich neu: Die Kunst beanspruchte nun erstmals im Sinne der idealistischen Ästhetik, insbesondere der Bildungs- und Kulturpolitik Wilhelm und Alexander von Humboldts, eine deutlich sichtbare Rolle im Stadtbild. Schinkels Museum behauptete sich als direktes Gegenüber zum Königlichen Schloss und steht gleichberechtigt neben den am Lustgarten repräsentierten staatstragenden Werten von Religion und militärischem Patriotismus: Ab 1816 erfolgten der Umbau des alten Domes durch Schinkel (der erst 1893 – 1905 durch Julius Raschdorffs neubarocken Kuppelbau ersetzt wurde) und die Errichtung seiner auf die Freiheitskriege bezogenen Neuen Wache Unter den Linden sowie 1819 – 1824/57 der Bau der Schlossbrücke mit den allegorischen Gruppen der sterbenden Krieger (Abb. 2).

1841 fasste der neue und kulturell höchst engagierte König Friedrich Wilhelm IV. (reg. 1840 – 1858) auf Vorschlag des kurz zuvor ernannten Generaldirektors der Museen, Ignaz von Olfers (1793 – 1871), den folgenreichen Plan, das Insel-Areal des ganzen ehemaligen Lustgartens, der von Spree und Kupfergraben gerahmt wird, in eine »Freistätte für Kunst und Wissenschaft« zu verwandeln: Mit diesem, nach damaligem Sprachgebrauch aus dem Asylrecht über-

2 Karl Friedrich Schinkel, Blick auf den Lustgarten mit Altem Museum, Dom, Schloss und Schlossbrücke, 1823, Zeichnung, Staatliche Museen zu Berlin, Kupferstichkabinett

nommenen Begriff war ein der kommunalen Verwaltung entzogener Zufluchtsort für den höheren Bildungszweck reserviert. Es sollten unter anderem ein repräsentatives Aula- und Hörsaalgebäude für die 1809 gegründete und im ehemaligen Palais des Prinzen Heinrich Unter den Linden untergebrachte Friedrich-Wilhelms-Universität (nach Gründung der DDR 1949 in Humboldt-Universität umbenannt) entstehen, sowie ein zweites Museum, das als Erweiterungsbau zu Schinkels nunmehr »Altem« Museum den Namen »Neues Museum« erhielt. Der von Stüler nach den königlichen Visionen entwickelte Gesamtentwurf wird gern als Inbegriff von »Spree-Athen« mit der griechischen Akropolis identifiziert, entspricht aber mit seinen von Kolonnaden gerahmten Höfen und Tempelbauten eher dem Typus der römischen Kaiserforen (Abb. 3, 4): Von daher rührt auch das zwanghafte Festhalten am großen korinthischen Podiums-

3 Friedrich Wilhelm IV.: Skizze zur »Freistätte für Kunst und Wissenschaft«, 1841, Zeichnung, Stiftung Preußische Schlösser und Gärten
Berlin-Brandenburg

4 Blick über die Friedrichsbrücke auf die Alte Nationalgalerie und das
Neue Museum, 1881

GESCHICHTE UND BEDEUTUNG

tempel im Zentrum, als es schon längst nicht mehr um ein Aula- und Hörsaalgebäude, sondern bereits um ein drittes Museum, eine Nationalgalerie (1866 – 1876 ausgeführt von Johann Heinrich Strack) ging. Vom Typus der Kaiserforen lässt sich auch das vor diesem Museumstempel aufgestellte Reiterstandbild des Königs ableiten, das die Idee des Bildungsforums mit einem traditionellen dynastischen Herrschaftsanspruch verbindet. Noch im Kaiser-Friedrich-Museum auf der Inselspitze – 1898 – 1904 von Ernst Eberhard von Ihne errichtet und heute nach seinem berühmten Gründungsdirektor Bode-Museum genannt – wurde die Kombination von Kaiserstandbild (1950 zerstört) und Museum beibehalten, während der jüngste Museumsbau, das 1909 begonnene, aber erst 1930 eröffnete neoklassizistische Pergamon-Museum von Alfred Messel und Ludwig Hoffmann sich bereits als Institution der Weimarer Republik darstellt.

DAS ALTE NEUE MUSEUM

Schon bei der Konzeption des Alten Museums zeichnete sich ab, dass nicht alle Sammlungen im Schinkelbau Platz finden konnten, zumal dieser den klassischen Originalwerken der bildenden Kunst vorbehalten bleiben sollte. Insbesondere die seit 1835 im Monbijouschlösschen zugängliche Sammlung ägyptischer Kunst, die mit den von Friedrich Wilhelm IV. geförderten Ausgrabungskampagnen des deutschen Ägyptologen Richard Lepsius (1810 – 1884) in den 1840er Jahren enormen Zuwachs erhielt, und die Sammlungen der »vaterländischen Altertümer« der Vor- und Frühgeschichte und des Mittelalters, die sich seit der Romantik ebenfalls eines wachsenden Interesses erfreuten, benötigten ausgedehnte Ausstellungsräume.

Die idealistische Feier der klassischen Antike wurde nun von der wissenschaftlich-historischen Sichtweise der modernen Altertumswissenschaften und der Kunstgeschichte überholt, die auch den vorgeschichtlichen und »exotischen« Kulturen und den bislang verpönten Epochen der Kunstgeschichte eigenständige Bedeutung zubilligten. Vom neuen Wissenschaftsanspruch zeugt insbesondere die Aufstellung der Gipsabguss-Sammlung in der repräsentativsten Raumfolge des Obergeschosses des Neuen Museums (Abb. 55). Sie hatte nun nicht mehr wie vormals in der Akademie die Funktion einer kanonischen, auf die Antike zugeschnittenen Vorbildgalerie für Künstler, sondern die einer breiten, den »Fortschritt« der Kunstentwicklung dokumentierenden, chronologisch geordneten Studiensammlung. Schließlich wurden im dritten Stockwerk die Handzeichnungen und die Druckgraphik sowie die Münzen und die ehemaligen Kunstkammerstücke einschließlich der Architekturmodelle aufbewahrt und ausgestellt – auch sie selbstverständlich Kunstwerke ersten Ranges, aber darüber hinaus ein reicher Fundus kultur- und kunstgeschichtlichen Quellenmaterials. Generaldirektor von Olfers war von Haus aus Naturwissenschaftler (!), dem es, wie auch dem Architekten Stüler, vor allem um einen systematischen wissenschaftlichen Überblick über die Kunstausübung aller Völker und Zeiten ging.

Vor diesem Hintergrund der Historisierung und der Verwissenschaftlichung kann man das Neue Museum als multifunktionalen Ergänzungsbau betrachten, der in erster Linie eine rationale Aufteilung, funktionsgerechte Erschließung und sachgerechte Aufbewahrung, Präsentation und Belichtung der verschiedenartigen Exponate erforderte. Diesen Anforderungen wurde Stüler gerecht, indem er eine dreistöckige Vierflügelanlage entwickelte, die durch einen mittigen Querflügel geteilt wird und somit zwei Binnenhöfe, den Ägyptischen und den Griechischen Hof, ausbildet (Umschlaginnenseiten, Abb. 5). So konnten viele Galerien zweiseitig belichtet werden.

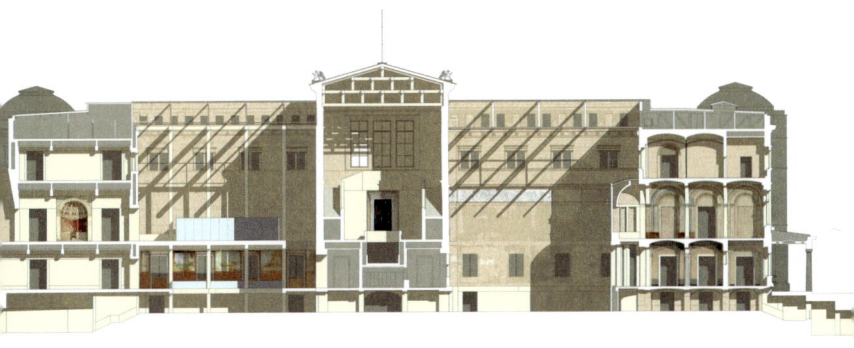

5　David Chipperfield Architects: Entwurf zum Neuen Museum, Schnitt
(von links: Nordflügel, Ägyptischer Hof, Treppenhalle, Griechischer Hof,
Südflügel)

Der in Ost-Westrichtung orientierte Museumspalast – wegen des bis 1859 im Wege stehenden Levy'schen Hauses leicht asymmetrisch ausgeführt – ist an den Ecken der östlichen Eingangsfassade durch vortretende, überkuppelte Eckpavillons und an beiden Längsseiten durch vertikal betonte Mittelrisalite mit flachen griechischen Giebeln akzentuiert. Diese betonen – im Gegensatz zu den umlaufenden Kolonnaden – die Erschließungsachse des Vestibüls und der monumentalen Treppenhalle mit ihrem offenen Dachstuhl, die sich über die ganze Breite und Höhe quer durch das Gebäude erstreckt (Abb. 5, 21). Schon beim Eintritt über die Haupttreppe wurde deutlich, dass Stüler – ähnlich wie Schinkel mit seiner dem römischen Pantheon nachempfundenen Rotunde im Alten Museum – einen überwältigenden Stimmungsraum schaffen wollte, der den hohen geistigen Anspruch des Neuen Museums verkündete und ideell überhöhte.

Stüler konnte sich bei der Adaption des seit dem Barock geläufigen Grundrisstypus stilistisch auch an modernen Vorbildern orientieren, etwa an Leo von Klenzes Museum der Neuen Eremitage in St. Petersburg (1839 – 1855), dessen

6 Leo von Klenze: Ansicht des Königsschlosses von Athen, Öl auf Leinwand, 1835, Detail, Staatliches Museum Eremitage, St. Petersburg

Pläne Klenze dem preußischen König – sicherlich im Beisein Stülers – 1840 in Potsdam erläuterte. Insbesondere inspirierte ihn (was bisher unbeachtet blieb) Klenzes unausgeführter Entwurf für das Königsschloss in Athen (1834)[1] (Abb. 6). Die Bezüge werden nicht nur durch die übereinstimmenden Proportionen der vertikalen Risalite im Verhältnis zur Horizontale des Baukörpers und der dorischen Kolonnaden deutlich. Verblüffend ähnlich erscheinen auch die dreiachsigen Fensterädikulen, die die Mittelrisalite in ganzer Höhe aufbrechen und mit der korinthischen Ordnung abschließen, und nicht zuletzt auch die spätklassizistische Formensprache (Abb. 7). Schinkels Einfluss auf Stüler zeigt sich allerdings in der spannungsvolleren Artikulation der

7 Neues Museum, 1930, Ostfassade

Profile und Fensteröffnungen in ihrem Verhältnis zu Wand und Fläche. Schinkel war mit seiner gleichfalls nicht verwirklichten Königshalle für das Schloss auf der Athener Akropolis (1834) nach Stülers eigenem Bekenntnis auch der Spiritus rector jenes spektakulären offenen Dachstuhls der Treppenhalle, der im zeitgenössischen Architekturdiskurs als typisch »griechische« Konstruktion galt (Abb. 42). Klenze übernahm sie 1834 in Athen sofort in seinen eigenen Schlossentwurf und veranlasste 1836 auch einen entsprechenden Planwechsel für die Walhalla bei Regensburg. Stülers offener Dachstuhl blieb jedoch als architektonische Pathosformel im vielfarbigen Raumklang des Neuen Museums sicherlich die großartigste Verwirklichung dieser Bauidee.

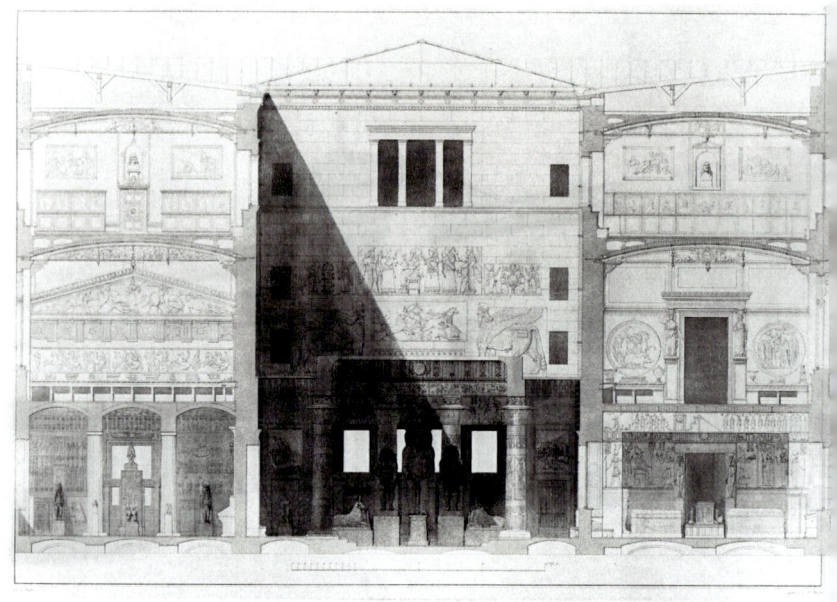

8   Schnitt durch den Nordflügel, 1862, Lithographie nach Friedrich August Stüler

Der auf den ersten Blick in seiner äußeren Nüchternheit oft unterschätzte Bau zeigte im Inneren trotz seiner klaren, funktionalen Struktur und Organisation ein Höchstmaß an individuellen und variantenreichen Raumgestaltungen und Raumausstattungen. Die innovativen bautechnischen und konstruktiven Qualitäten des Neuen Museums wurden erst im Zuge der Wiederaufbauplanungen wiederentdeckt und führten zu einer erheblichen Aufwertung des Bauwerks in der Einschätzung der Kunst- und Architekturhistoriker. Stülers Schnitte zeigen die relativ geringen Wandstärken und die filigranen eisernen Trage- und Deckenkonstruktionen, die Masse und Gesamtgewicht des Gebäudes reduzierten (Abb. 8). Dies war aufgrund der Pfahlgründung in einer pro-

GESCHICHTE UND BEDEUTUNG

9　Bogensehnenbinder, 1862, Lithographie nach Friedrich August Stüler

blematischen »eiszeitlichen Sumpfblase« dringend gebo-
ten. Massenreduktion versprach auch die Wiederbelebung
einer uralten Wölbungstechnik mit hohlen Tonziegeltöpfen
(nach dem Muster der 1838 beim Wiederaufbau der Petersburger Eremitage angewandten Technik in der Tonwaren-
fabrik von Ernst March gefertigt), aus denen zahlreiche
Flachkuppeln und »preußische Kappen« gemauert wurden.
Werner Lorenz konnte in seiner bautechnischen Unter-
suchung nachweisen, dass Stüler noch knapp vor Henri La-
brouste in den bekannten Pariser Bibliotheksbauten seine
spektakulären Eisenkonstruktionen eingesetzt hat. Die von
Schinkel auf seiner Englandreise 1826 bewundernd skizzier-
ten gusseisernen Stützen, Balken, Ringanker und Bogenseh-

nenträger der Fabrikbauten und Spinnereien bei Manchester wurden von seinem Schüler und Nachfolger als teils verborgene, teils aber auch sichtbare, künstlerisch veredelte Konstruktionsformen eingesetzt, die – wie beispielsweise im Niobidensaal – Stabilität mit höchster ästhetischer Eleganz verbinden (Abb. 9, 10). Diese Elemente, die die Vorzüge des Gusseisens und des Schmiedeeisens vereinigen, wurden seriell in der Maschinenfabrik August Borsig vorgefertigt und an Ort und Stelle versetzt. Der Zierrat aus Zinkguss und die Verkleidungen aus Messing lieferten die Fabriken von Simon Pierre Davranne und Moritz Geiß. Die »neue preußische Konstruktionskunst im Zeichen der Industrialisierung« (Lorenz) zeigte sich auch im erstmaligen Einsatz einer von einer Dampfmaschine angetriebenen Baustellenbahn in Verbindung mit einem 40 Meter hohen Aufzugsturm, der die Rohbauzeit auf ein knappes Jahr verkürzte. Erstmals wurde eine Dampframme genutzt, um die mehr als 2000 bis zu 18 Meter langen Holzpfähle des Fundaments in den Grund zu treiben.

Der konstruktiven Komplexität des Neuen Museums entsprach eine flächendeckende Ausstattung und Ausschmückung, die ikonographisch eng auf die unterschiedlichen Sammlungsbestände und Raumfunktionen abgestimmt war, in ihrer rastlosen dekorativen Polychromie (Vielfarbigkeit) aber gleichsam einen Horror vacui, die Angst vor der Leere, verrät. Nach der für die Nobilitierung der Eisenkonstruktionen relevanten Architekturtheorie Carl Boettichers[2] in seinem Werk über die »Tektonik der Hellenen« (1844/52) galt es, die konstruktive »Kernform« mittels der bekleidenden »Kunstform« zu überblenden und auf diese Weise pure Statik in Richtung der geistigen und symbolischen Zwecke des Bauwerks ästhetisch zu überhöhen. Hierin lag von Anfang an – unabhängig von der hohen künstlerischen und handwerklichen Qualität des Dekors –

10 Niobidensaal (2.11.), 2009

eine doppelte Problematik: Zum einen ergab sich die Gefahr der Übertönung der Exponate durch die Pracht der Ausstattung, wie sie die Kunstkritik schon an den neuen Münchner Museen, der Glyptothek (1816 – 1830) und der Pinakothek (1826 – 1836) Leo von Klenzes, gerügt hatte und bald auch Stüler vorwarf. Zum anderen entstand die Neigung zur ideologischen Überfrachtung der Museumsidee durch umständlich konstruierte ikonographische Programme, die sinnstiftend wirken sollten, aber in ihren weltanschaulichen und wissenschaftlichen Aussagen rasch veralteten.

Die monumentalen, auf ausdrücklichen Wunsch des Königs 1847 – 1866 in der neuen »stereochromischen«, die plastischen Effekte der Ölmalerei aufgreifenden Technik ausgeführten Wandbilder des Bayerischen Hofmalers Wilhelm von Kaulbach (1805 – 1874) in der Großen Treppenhalle (Abb. 41) stellten beispielsweise den Versuch dar, in einem weltgeschichtlichen Bildprogramm von 75 Metern Länge die im Neuen Museum gezeigten Sammlungen als Fragmente einer höher schreitenden »Culturentwicklung« zu interpretieren, die im Sinne Hegels das mythologische, klassische und romantische Weltalter übergreift und sich letztendlich rassenideologisch auf den Sieg der christlich-germanischen Völker gründet. Die geschichtsphilosophische Konstruktion der hier dargestellten sechs »Wendepunkte« der Evolution der Menschheit – von der Zerstörung des Babylonischen Turmes (Scheidung der Rassen) bis zur Reformation Martin Luthers (Bekenntnis zur verinnerlichten Gottesvorstellung des Protestantismus und zum Streben nach einer deutschen Nation)[3] – entsprach dabei den biblischen Schöpfungstagen.

Auch in den Ausstellungsbereichen schmückten Wandmalereien die Räume, um »der lebenden Kunst Geltung zu verschaffen und ihr ein angemessenes Feld der Darlegung und Entwicklung einzuräumen« (Stüler). Dabei ging es so-

11 Ägyptischer Hof, 1862, Lithographie nach Eduard Gaertner

wohl um das Museum als Gesamtkunstwerk als auch um di-
daktische Bildkommentare und ein historisierendes Ambiente für die Sammlungsobjekte: So stellte der mit einer 380
Quadratmeter großen, stützenfreien Glasdecke überdachte
Ägyptische Hof mit seinem imponierenden Säulenumgang
(Abb. 11) eine auf ein Drittel verkleinerte Rekonstruktion des
Ramesseums (Totentempels Ramses' II., 1290 – 1224 v. Chr.)
in Theben dar. Die Gebrüder Ernst und Max Weidenbach und
der an den Grabungskampagnen beteiligte Architekt Georg
Gustav Erbkam konzipierten die idealen Bildrekonstruktio-
nen der ägyptischen Schauplätze und Bauwerke an den Hof-

12   Karl Eduard Biermann: Die Insel Philae, Wandgemälde im
Ägyptischen Hof (1.12.), Zustand 2009

wänden (Abb. 12). Im südlichen Trakt der »Vaterländischen
Altertümer« zeigen Wandbilder die Stubbenkammer und
ein Hünengrab auf Rügen als Inbegriff nordisch-germa-
nischer Kulturtopographie, und ein elfteiliger, noch fragmentarisch erhaltener Bildzyklus stellte erstmals in der deutschen Kunstgeschichte umfänglich die nordische Götter-
welt nach der Überlieferung der »Edda« (13. Jahrhundert)
vor (Abb. 34, 36). Auch der von der Antike bis zur Moderne
reichenden Abgusssammlung im ersten Stock gaben die
von Stüler ausgewählten Idealveduten griechischer und römischer Bauten, Stadtanlagen und Landschaften sowie eine
Auswahl mythologischer Szenen einen passenden didak-
tischen Rahmen (Abb. 50 – 52), während die Mittelaltersäle

mit Geschichtsszenen zum christlich-abendländischen Kaiserreich geschmückt waren und der Moderne Saal durch Allegorien der Künste und der Technik bis hin zum Maschinenbau charakterisiert wurde.

Der streng wissenschaftliche Anspruch der Ausstattungsprogramme geriet schon bald nicht nur mit den fortschreitenden fachlichen Erkenntnissen und den sich wandelnden Sichtweisen, sondern auch mit dem schieren Wachstum der Sammlungen, der Veränderung der Ausstellungsstrategien und der Eigendynamik einer modernen Museumsinstitution in Konflikt. So beeindruckend sich die Dekorationen – ausgeführt von namhaften Malern wie Carl Graeb, Eduard Biermann, Eduard Pape, August Wilhelm Schirmer – als kunsthistorische Dokumente der Wissenschaftsgeschichte in der Entstehungsphase darstellten, so kritisch wurden sie schon ab den 1880er Jahren kommentiert, nämlich als Hemmschuh für eine zeitgemäße Weiterentwicklung der Sammlungen, die schon zwei Jahrzehnte nach der Eröffnung einschneidende Veränderungen wie etwa den Auszug der Kunstkammerstücke ins neue Kunstgewerbemuseum, der ethnographischen Sammlung ins Völkerkundemuseum und – nach dem Ersten Weltkrieg – der Gipsabgusssammlung in die Berliner Universität mit sich brachte. In den zwanziger und dreißiger Jahren erfolgte eine teilweise Neuordnung und mit Umbauten verbundene Modernisierung des Museums, wobei Wandschmuck überdeckt und Räume »neutralisiert« wurden.

ZERSTÖRUNG UND WIEDER- AUFBAUPLANUNGEN 1945 – 2003

Nach der Evakuierung und Schließung des Neuen Museums zu Beginn des Zweiten Weltkrieges 1939 und den schweren Zerstörungen durch Brandbomben 1943/45 begann nach

13 Große Treppenhalle, 1985, Blick auf die Ostwand

acht Jahrzehnten musealer Nutzung ein halbes Jahrhundert des nur notdürftig aufgehaltenen Verfalls der Museumsruine. Vollständig ausgebrannt war die große Treppenhalle, ganz verloren der nordwestliche Flügel und der südöstliche Risalit mit seinem Kuppelsaal, die entsprechenden Flanken des Ägyptischen Hofes sowie etwa ein Drittel der Innenausstattung. Die Dächer, die meisten Ausstellungssäle und Oberflächen, die Gebäudehülle, der Griechische Hof, der Bauschmuck und die Außenanlagen mit den umlaufenden Pergolen waren schwer beschädigt. Im Zuge von Sicherungsmaßnahmen der 1980er Jahre kam es zum Ausbau und leider auch zur Zerstörung weiterer skulpturaler

GESCHICHTE UND BEDEUTUNG

14 Neues Museum, um 1985, Ostfassade

und baulicher Fragmente (Abb. 13, 14). Konzepte zum Wiederaufbau hatten lange keine Chance auf Realisierung, nicht
zuletzt weil man seitens des Instituts für Denkmalpflege der
DDR zunächst von einer fast vollständigen Rekonstruktion
des Originalzustandes einschließlich der Reproduktion der
verlorenen Wandbilder Kaulbachs ausging. Das schließlich
von den Kulturpolitikern im Zuge des »Programms zur Entwicklung der Hauptstadt der DDR« 1986 beschlossene Pres-
tigeprojekt des Wiederaufbaus im Umfang von 350 Millio-
nen Mark wurde kurz nach Baubeginn im September 1989
von der friedlichen Revolution und dem politischen Neu-
beginn im Osten Deutschlands überholt.

Die deutsche Vereinigung brachte nach 1990 nicht nur die Zusammenführung der geteilten Berliner Sammlungen mit sich, sondern führte zwangsläufig zu einer intensiven Auseinandersetzung der Verantwortlichen in Ost und West über die Zukunft der Berliner Museumslandschaft, insbesondere der Museumsinsel. Hinsichtlich des Neuen Museums wurde auf Vorschlag des Beirates für Baudenkmale von der Stiftung Preußischer Kulturbesitz 1991 – 1992 eine gemischte Expertenkommission unter Vorsitz von Wolfgang Wolters eingesetzt,[4] die das denkmalpflegerische Konzept der DDR-Planungen in entscheidenden Punkten revidierte. Anstelle einer weder denkmaltheoretisch, noch museologisch und künstlerisch vertretbaren Totalrekonstruktion des Ursprungszustandes empfahl sie auf der Grundlage der Denkmalpflege-Charta von Venedig (1964) im hohen Respekt vor der authentischen Qualität und Dokumentfunktion der erhaltenen Originalsubstanz die sorgfältige Konservierung, gegebenenfalls auch partielle Restaurierung des Bestandes unter Einbeziehung und Rückführung der geborgenen Elemente und eine sensible moderne Ergänzung des Ruinenfragments zu einer strukturell wieder intakten, museal nutzbaren Ganzheit. Nicht sentimentale Ruinenromantik, sondern das authentische Erleben der originalen Aura und hohen Detailqualität, die nachvollziehbare Reflexion der Geschichtlichkeit des Bauwerks, aber auch seiner Alterung und Beschädigung sollten anstelle eines verfälschenden »neuen Glanzes« die ergänzende Wiederherstellung des Neuen Museums bestimmen. Eine auch noch so sorgsame Rekonstruktion der verlorenen Oberflächen des alten Denkmalbildes hätte nach Überzeugung der Experten durch die Übermacht der Fiktion das noch substantiell Erhaltene drastisch entwertet und wäre somit tatsächlich einer zweiten »Denkmalzerstörung« (so Georg Mörsch über die Gefahren des Rekonstruierens) gleichkommen.

Die Ergebnisse der Experten-Kommission wurden 1992 als Zielstellung in Form eines »Denkmalpflegerischen Grobkonzepts« vom Berliner Landesdenkmalamt[5] übernommen und im schwierigen Aushandlungsprozess mit der Stiftung Preußischer Kulturbesitz, die als Nutzer auch abweichende Planziele verfolgte, offensiv vertreten. Nach Abschluss des wegweisenden Gutachtens hatte die Stiftung nämlich 1993 einen Architekten-Wettbewerb zum Wiederaufbau des Neuen Museums in Verbindung mit einem Ergänzungsbauwerk ausgeschrieben, dessen Vorgaben weit weniger strikt formuliert waren: »Die Lösung der Aufgabe darf sich nicht in restaurativer Wiederherstellung historischer Zustände erschöpfen. Der Auslober erwartet vielmehr, daß die Gestaltungsspielräume, die der im Gutachten der Denkmalkommission verwendete Begriff ›ergänzende Wiederherstellung‹ eröffnet, für einen Ausgleich zwischen denkmalpflegerischen und Funktionsinteressen der Museen genutzt werden«. Damit war eine nicht nur technische, sondern auch museologische und gestalterische Modernisierung der Museen gemeint, die die Bedürfnisse und Erwartungen des modernen Museumstourismus – etwa in Form eines auf die »Highlights« zugeschnittenen Ausstellungsparcours und einer zeitgemäßen Inszenierung der Kunstschätze – berücksichtigen sollte (Abb. 15). Die Folge dieser Empfehlung war eine Polarisierung der denkmalpflegerischen und der museologischen Positionen, die im Laufe der folgenden Jahre zu einem öffentlich ausgetragenen »Berliner Museumsstreit« eskalierte.

Zum Gewinner des Wettbewerbs wurde 1994 der italienische Architekt Giorgio Grassi erklärt, der die fehlenden Flügel des Neuen Museums in einer strengen rationalistischen Formensprache zu ergänzen vorsah. Die ehemalige Treppenhalle Stülers plante er als eine dreistöckige Ausstellungshalle, die im Erdgeschoss mit dem neuen Ergänzungsbau am Kupfergraben verbunden werden sollte. Den zweiten Preis erhielt David Chipperfield, der als einziger im Sinne der Denkmalpflege einen Wiederaufbau des Neuen Museums einschließlich der Treppenhalle vorschlug. Dabei versprach er keineswegs, wie Kritiker ihm später enttäuscht vorhielten, eine Totalrekonstruktion des ursprünglichen Zustandes, sondern ganz im Sinne des Gutachtens und der späteren Umsetzung, »that this restoration should be as complete and as authentic as possible« (…dass die Restaurierung so vollständig und authentisch wie möglich sein sollte). Mit der Annäherung an die historische Struktur und Gestalt kontrastierte sein neuer aus Stahl und Glas geplanter, heftig umstrittener Ergänzungsbau längs des Kupfergrabens. Der dritte Preisträger, Francesco Venezia aus Neapel, verzichtete ganz auf die ergänzende Wiederherstellung des Neuen Museums; sein Entwurf spielte ebenso wie der von Axel Schultes, der den fünften Preis gewann, in der folgenden Phase keine Rolle mehr.

Doch hatte Frank Gehry, Gewinner des vierten Preises, einen Entwurf vorgelegt, der der Stiftung besonders ans Herz wuchs: Von der Westfassade des Schinkelmuseums sollte sich am Lustgartenrand längs des Kupfergrabens, die Bodestraße überspringend eine Schlange von aufgestelzten dekonstruktivistischen Metallbaukörpern entlangziehen, die in der verglasten Halle des Pergamonmuseums ihre Fortsetzung fand. Gehry beabsichtigte, das Neue Museum in der Außenform zu ergänzen, im Inneren aber ohne Rücksicht auf den Bestand völlig neu zu gestalten. Die Jury rügte zwar, »dass die einzelnen Volumina in ihrem Erscheinungsbild und ihrer Artikulierung höchst autonom und zugleich indifferent gegenüber der vorhanden Stadttypologie wirken«, doch ist ja gerade dieser kreative Ausbruch das begehrte Markenzeichen Gehrys, dessen Museums-Solitär im Baskenland den legendären »Bilbao-Effekt« hervorgerufen hat: eine

15 Masterplan zur Museumsinsel,
Stand 2006, Visualisierung: David Chipperfield Architects

allein vom faszinierenden Architekturspektakel gespeiste
Attraktionskraft, die Tausende von Touristen in die Stadt
lockt. Mit dem Visionär Gehry, so hoffte mancher Museums-
manager, würde die Berliner Museumsinsel mit einem be-
freienden Paukenschlag ins 21. Jahrhundert katapultiert.
Die Stiftung forderte die Preisträger zur Überarbeitung auf,
legte aber den ungeliebten Preisentwurf Grassis bald bei-
seite und konzentrierte sich in der dritten Runde im Früh-
jahr 1997 auf Chipperfield und Gehry, die zur Neufassung
ihrer Entwürfe für das Neue Museum aufgefordert wurden.
Angesichts der spürbaren Präferenz für Gehry klagten die
Berliner Denkmalbehörden, zahlreiche Fachleute, darunter
die Vereinigung der Landesdenkmalpfleger der Bundes-

republik Deutschland, Journalisten und engagierte Bürger in öffentlichen Diskussionen, Presseberichten und Resolutionen vehement die strikte Berücksichtigung der denkmalpflegerischen Belange ein. Eine vom Berliner Landesdenkmalrat im November 1997 unmittelbar vor der endgültigen Entscheidung der Stiftungskommission im Berliner Abgeordnetenhaus abgehaltene Pressekonferenz trug dazu bei, das Blatt zugunsten Chipperfields zu wenden, von dem allein die erforderliche Balance zwischen der Umsetzung der denkmalpflegerischen Ziele und der notwendigen Modernisierung des Gebäudes zu erwarten war.

DIE DENKMALPHILOSOPHIE DER ARBEITSGEMEINSCHAFT CHIPPERFIELD / HARRAP

Der Krise im Herbst 1997 folgte nach der Entscheidung und Auftragsvergabe unter der neuen Ägide von Stiftungspräsident Klaus-Dieter Lehmann, Generaldirektor Peter-Klaus Schuster und Baudezernentin Gisela Holan ein Prozess der Entspannung, des konstruktiven Dialogs und der engen Kooperation aller Beteiligten. Die Architekten, Denkmalpfleger und Museumsleiter suchten fortan in Absprache mit der für alle Baumaßnahmen zuständigen Bundesbauverwaltung[6] für die komplexen Probleme und anstehenden Maßnahmen den Konsens, der für jede denkbare Lösung individuelle Entscheidungen verlangte.

David Chipperfield, Julian Harrap und ihre verantwortlichen Mitarbeiter[7] teilten mit den Gutachtern, dem Denkmalamt (das 2000 ein detailliertes Restaurierungskonzept vorlegte) und den Bau- und Hausherren das oberste Ziel der Erhaltung und Reparatur der noch vorhandenen historischen Substanz. Ihre denkmalethische Grundhaltung geht einerseits auf John Ruskin (1819 – 1900), den englischen Vater der modernen Denkmalpflege im 19. Jahrhundert, und auf die aus seinen Grundsätzen erwachsene, sehr detailgenaue englische Konservierungsmethodologie zurück (wie sie übrigens seit langem auch an archäologischen Monumenten der Antike praktiziert wird). Andererseits ist sie in der westdeutschen Nachkriegstradition verwurzelt, verlorene Strukturen – etwa im Sinne des Architekten Hans Döllgast – sichtbar und minimalistisch zur reparieren und neuen Anforderungen anzupassen. Für den Mut, gestalterische Akzente im historischen Bestand zu setzen, lässt sich wohl auch auf Carlo Scarpas ergänzende Neuinterpretation historischer Bauten, namentlich auf seine italienischen Museen aus den fünfziger und sechziger Jahren, verweisen.

Um angemessene Lösungen zu gewährleisten, wurde in Raumbüchern der jeweilige Zustand genau kartiert und analysiert. Anschließend konnten – abgestuft nach dem Erhaltungsgrad der Räume – aufwendige Methoden der Konservierung und Restaurierung, die zum Teil neu entwickelt und experimentell erprobt wurden, durchgeführt werden.[8] Nach dem Regelwerk der Charta von Venedig war darauf zu achten, dass Ersetzungen und Ergänzungen sich erkennbar vom Originalbestand abheben. Schließlich bedeutete der Verzicht auf eine flächendeckende Neufassung der Oberflächen, dass gelegentlich Rohbauschichten sichtbar blieben, die die konstruktive Tiefendimension des Gebäudes erschließen.

Andererseits aber konnte die akribische archäologische Präparierung des Bestandes nicht in einem völlig neutralen Rahmen erfolgen. Das »Auseinanderrestaurieren« der Fragmente, der drohende ästhetische Zerfall, ist letztlich für einen anspruchsvollen Funktionsbau keine gestalterische Lösung. »Das Gebäude ›möchte‹ wieder Gebäude sein«, schrieb Chipperfield 2003, er wolle dem Ganzen Ordnung und den erhaltenen Teilen Bedeutung zurückgeben. So galt es, den Charakter der Säle als Ganzheit neu zu formulieren, der durch unterschiedliche Raumformen, Konstruktionen, Stützen- und Wölbungssysteme, Bildzyklen und Ornamente, aber auch durch den Erhaltungszustand bestimmt war, und die Raumfolge insgesamt gestalterisch wieder als Kontinuum verständlich zu machen. Dies bedeutete, dass der überlieferten historischen Substanz eine eigene Architektursprache entgegengesetzt werden musste, die sowohl die Neubauräume trägt als auch eine zurückhaltende Stilisierung der Ergänzungen innerhalb des historischen Bestandes erlaubt. Die konservatorische Aufgabe wurde zwangsläufig in eine gestalterische überführt: »Dabei war es unser ausdrückliches Ziel, diese unterschiedlichen Aufgaben in einem ganzheitlichen Entwurfskonzept zu verbinden, und zwar so, dass Alt und Neu sich gegenseitig zur Geltung bringen können, nicht durch deren Kontrast, sondern durch eine neu geschaffene Kontinuität«.

Die Logik der ergänzenden Wiederherstellung schließt vielerlei populäre Wunschvorstellungen aus, etwa die Inkonsequenz, die zerstörte äußere Gebäudehülle historisch getreu nachzubauen, hinter der sich dann im Inneren moderne Raumfolgen verstecken. Oder die Forderung nach exemplarischer, detailgetreuer Rekonstruktion einzelner Räume, etwa der Stülerschen Treppenhalle, während man ansonsten auf solche Reproduktionen zu verzichten bereit sei. Die Willkür derartiger Vorschläge entbehrt nicht nur jeder geistig-methodischen Grundlage, sondern würde auch Kettenreaktionen der Beliebigkeit auslösen. Vielmehr erfordert ein angemessenes historisches und baukünstlerisches Verständnis des überkommenen Stülerbaus, dass das sich gegenseitig bedingende Verhältnis von Bestand und Ergänzung am ganzen Baukörper möglichst klar ablesbar bleiben muss. Und auch im dekorativen Bereich bedarf es der Orientierung über den Status quo.

16 Mittelalterlicher Saal (2.04.), 2009, Blick in die Apsis

Dass Chipperfield unter künstlerischen und historischen Prämissen durchaus auch einmal »inkonsequent« agierte, zeigt das Beispiel des Flachkuppel- und des darüber liegenden Mittelalterlichen Saales, wo er auf Vorschlag der Denkmalpfleger die beim Umbau für die Amarna-Sammlung 1919 – 1923 aus dem Griechischen Hof entfernte Exedra als wichtiges Element der ursprünglichen Raumkonzeption in stilisierter Form rekonstruierte (Abb. 16). Im pseudogotischen Sterngewölbesaal des dritten Stockwerks mit seinem asymmetrisch verzogenen Kreuzgratgewölbe, das Stüler als Rabitzkonstruktion (die erste Drahtputzdecke hierzulande!) gefertigt und in die Südwestecke des Hauptgeschosses eingepasst hatte, um den Kunstkammerpretiosen ein passendes atmosphärisches Ambiente zu geben, stellte sich die Frage nach vollständiger »Bereinigung« oder vollständiger Rekonstruktion der spärlichen Überreste. Ausnahmsweise wurde sie zugunsten der Erinnerung an dieses Kuriosum entschieden (Abb. 60). Wo der ästhetische Rhythmus der Säulenstellungen es nahe legte, wie etwa im Modernen Saal sind zugunsten der Raumkontinuität und tektonischen Klarheit auch die Mosaiken (deren Steinchen in den Nachkriegsjahren in prall gefüllten russischen Munitionskisten geborgen worden waren) und die gänzlich zerstörten Terrazzoböden wieder hergestellt worden (Abb. 34, 54, 56). Trotz gelegentlicher Verstöße gegen die strenge denkmalpflegerische Ratio bleibt Chipperfields ergänzende Wiederherstellung des Neuen Museums für den aufmerksamen Betrachter weitgehend transparent.

ERSCHLIESSUNG, ERTÜCHTIGUNG UND HIGH-TECH

Oft übersehen wird die erschwerende Vorgabe, neue funktionale und technologische Standards und Normen in den Wiederaufbau zu integrieren, die das Museum nach modernsten Anforderungen bespielbar machen, ohne seine ästhetische Integrität zu gefährden. So musste schon 1989 – 1994 der marode hölzerne Fundamentrost durch 2500 Mikrobohrpfähle aus Stahl und eine neue Gründungsplatte ersetzt und später an die aktuelle Planung angepasst werden. Die Belastbarkeit der historischen Eisentragwerke wurde durch Kohlefaserlamellen ertüchtigt, und alle Fenster sind nach heutigen wärmetechnischen Normen aufgearbeitet worden, um nur wenige Beispiele zu nennen.

17 David Chipperfield Architects: Entwurf zur James-Simon-Galerie und zum Neuen Museum, Stand 2006

Nachdem im Zuge der Konzeption des Masterplanes 1999 glücklicherweise entschieden worden war, das Neue Museum erneut zum Schatzhaus der ägyptischen Kunst und der vor- und frühgeschichtlichen Sammlungen zu machen, folgte daraus, dass die historischen Hauptzugänge weiterhin genutzt werden konnten. Die Brückenbauten, die das Neue Museum seit 1845 mit dem Alten Museum an der Südseite und seit 1925 mit dem Pergamonmuseum an der Nordseite verbanden, wurden jedoch nicht wieder hergestellt – nicht zuletzt, weil sie dem modernen Besucherstrom nicht mehr gewachsen gewesen wären und jede Neuordnung der

18 Heizungs- und Kältezentrale, 2009

Sammlungen erschwert hätten. Stattdessen sieht der Masterplan vor, ausgehend von einem neuen Eingangsgebäude am Kupfergraben die Einzelbauten und mithin alle Ausstellungsbereiche unterirdisch durch eine »Archäologische Promenade« zu erschließen, die die Kellergeschosse und Höfe einbezieht und zugleich Raum für die Darstellung übergreifender Themen der Kulturgeschichte (wie etwa »Gott und Götter«, »Chaos und Kosmos«, »Zeit und Geschichte«, »Jenseits und Ewigkeit«) bietet (Abb. 15,19). Der konzentrierte touristische Gruppenrundgang zu den Hauptwerken der verschiedenen Häuser und der individuelle Einzelbesuch mit langer Verweildauer sind auf diese Weise gleichermaßen gewährleistet.

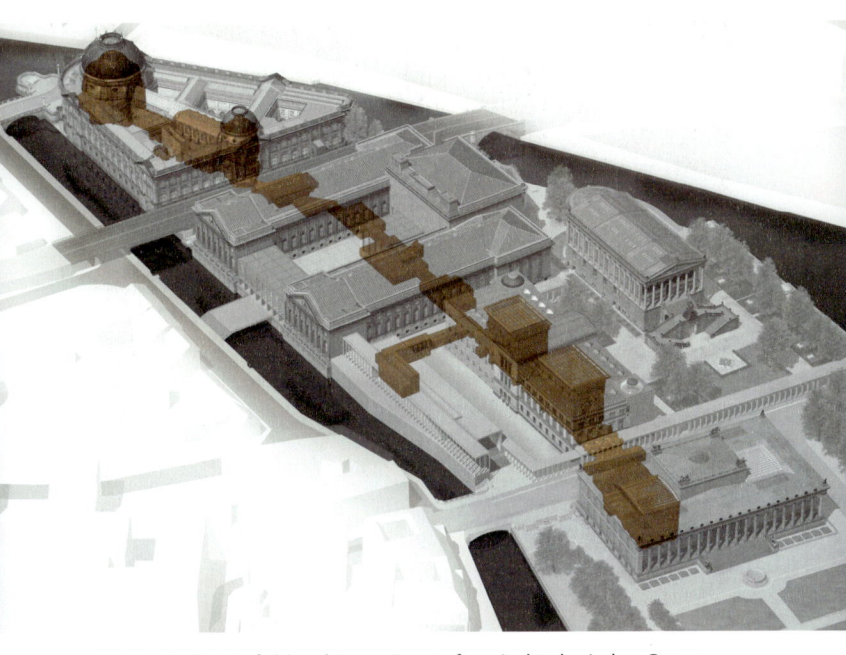

19 David Chipperfield Architects: Entwurf zur Archäologischen Promenade, Stand 2006

Chipperfields überarbeiteter Entwurf des Eingangsgebäudes am Kupfergraben (Baubeginn 2009) folgt zwar dem Prinzip, dass jede Epoche auf der Insel in ihrem Stil, das heißt jeweils »modern« baute, doch blieb die Kritik an der extremen Material- und Formensprache des ersten Vorschlages nicht unberücksichtigt: Indem der Neubau der James-Simon-Galerie nun im Einklang mit dem Kolonnadensystem Stülers dem Habitus eines klassischen Gliederbaus und der Kunstbetonstein der Materialanmutung eines Natursteinwerkes folgt, fügt er sich besser in das städtebauliche Gesamtbild ein (Abb. 17).

Um diskret die Hightech-Anforderungen moderner Sicherheits-, Energie-, Verkehrs-, Klimatisierungs- und Beleuchtungsstandards zu integrieren, konnte nun nicht mehr auf das Untergeschoss zurückgegriffen werden. Stattdessen wurden die Technikzentralen in unterirdische Räume östlich des Gebäudes sowie in die Dachgeschosse verlegt. Es bedurfte darüber hinaus besonderer Anstrengungen, um in den (seinerzeit sehr fortschrittlichen) Heizungs- und Versorgungsschächten des Altbaus, den Pultdächern der Kolonnade und über Hohlräume in den Tonnengewölben die neue technische Infrastruktur zu verlegen, die nach außen kaum sichtbar wird. Die unaufdringliche technische Aufrüstung des Gebäudes ist als eine der planerischen und ingenieurtechnischen Glanzleistungen des Wiederaufbaus besonders zu würdigen (Abb. 18).

RUNDGANG

DAS ÄUSSERE

Nähert man sich vom Pergamonmuseum oder vom Zeughaus, so erblickt man jenseits des Kupfergrabens die nach Westen gerichtete Rückseite des Neuen Museums, dessen Mittelrisalit und rechter Flügel sorgsam repariert wurden, während der linke, nördliche Flügel deutlich als Neubau gekennzeichnet ist (Abb. 1). Die Gesimse und die Fensteröffnungen schließen an die Hauptlinien des Altbaus an, die Aufmauerung mit Altbauziegeln aus den traditionsreichen Brandenburger Ziegeleien nähert sich diesem auch farblich. Doch während am Südflügel die Putzreste, die verschiedene Hausteinvarianten imitieren, erkennbar blieben und die plastischen Figuren in den Fensterstöcken wieder eingesetzt wurden, stechen am Nordflügel kubische, helle Fensterkreuze hervor, die der Neubaufassade ein annähernd äquivalentes Gewicht verleihen sollen. Allerdings wird die Westfassade nach Fertigstellung der James-Simon-Galerie wie vor dem Kriege (bis zum gänzlichen Abriss des Schinkelschen ehemaligen Packhofes um 1935) nur im oberen Drittel sichtbar bleiben (Abb. 17).

20 Neues Museum, 2009, Westgiebel

Am markanten, in der Vertikale durch Drillingsfenster ganz geöffneten Mittelrisaliten wurde der Giebel wieder hergestellt. Die aus Zinkguss gefertigten und Haustein imitierenden Skulpturen von August Kiss (1856) im Giebelfeld illustrieren mit dem Thema »Die Kunst unterweist Industrie und Kunstgewerbe« eine wesentliche Funktion des Museums. Darunter lesen wir die von König Friedrich Wilhelm IV. selbst ausgewählte, den elitären Bildungsanspruch des Museums unterstreichende Inschrift ARTEM NON ODIT NISI IGNARUS (Die Kunst verachtet nur der Ungebildete) (Abb. 20).

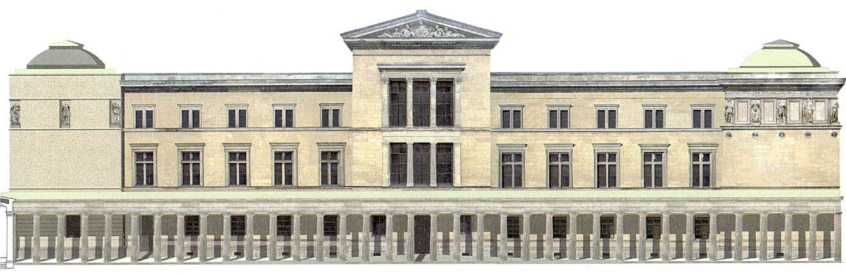

21   David Chipperfield Architects: Entwurf zum Neuen Museum,
Ostfassade, Stand 2006

Geschlossener präsentiert sich die bis auf den Südostrisaliten erhaltene östliche Eingangsfassade gegenüber der
Alten Nationalgalerie, deren Sockel von der umlaufenden
Säulenpergola gebildet wird. Die scharfkantig profilierten
Fenster des Hauptgeschosses und des niedrigeren zweiten
Stockwerks, wiederum zusammengefasst durch die Vertikale des schlanken Mittelrisaliten, zeigen Stülers straffe gestalterische Handschrift. Auch auf dieser Hauptansichtsseite
konnten die Kriegszerstörungen konsequenterweise nicht
verleugnet werden, doch schließt sich das Fassadenbild zu
einer nahezu homogenen Textur zusammen, wozu auch die
1990 wieder aufgesetzte Kuppel des Nordostrisalits beiträgt.
Sein südliches Pendant hingegen hebt sich als Neubau relativ hart davon ab. Die drei in die kubische Sichtziegelfassade
integrierten allegorischen Risalitfiguren antworten den re-
platzierten Skulpturen und Kopfmedaillons des Nordrisa-
liten, die Künste und Wissenschaften darstellen (Abb. 7, 21,
22). Der einst von einer Borussia, einer Allegorie Preußens,
bekrönte Hauptgiebel mit dem sorgfältig restaurierten
Stuckrelief »Die Geschichte unterweist die Baukunst, Bild-
hauerei, Malerei und Grafik«[9] stammt von Friedrich Drake
und verweist bereits auf die neue Museumsauffassung des

Historismus. Darunter die Widmungsinschrift MUSEUM A PA-TRE BEATISSIMO CONDITUM AMPLIAVIT FILIUS MDCCCLV (Das durch den seligen Vater gegründete Museum erweiterte der Sohn 1855). Die Fensterstöcke zieren allegorische Genien aus Zinkguss, die mit ihren Attributen die verschiedenen Sammlungsbereiche repräsentieren.

VESTIBÜL UND NÖRDLICHER RUNDGANG

Man betritt das Museum durch das streng geschnittene Vestibül (1.01.), das durch vier monumentale dorische Säulen gegliedert wird, die eine Kassettendecke aus Tontöpfen zwischen gusseisernen Biegeträgern stützen – formal vergleichbar dem berühmten »griechischen Vestibül« in Schinkels Humboldt-Schlösschen in Tegel (1819 – 24). Im Gegensatz zu den meisten, über einem Rohling mit »Marblecement« stuckierten Schaftsäulen des Museums handelt es sich hier um sorgfältig kannelierte weiße Monolithe mit dunkelvioletter Äderung aus Carraramarmor, die nach römischer Auffassung einen Kapitellfries aufweisen und somit den architekturgeschichtlichen Entwicklungsgang vom Griechischen zum Römischen zeigen (Abb. 23). In der Hauptachse steigt – ähnlich wie in Leo von Klenzes Neuer Eremitage in St. Petersburg – die zunächst einläufige Treppe zur großen Treppenhalle an. Die Wände des Vestibüls sind mit poliertem gelblichem Marmorimitat (stucco lustro) überzogen. Auf den Treppenwangen wurden als Ersatz für die zerstörten Originale zwei Repliken der ägyptisch anmutenden antiken Löwen der Kapitoltreppe in Rom aus dem ehemaligen Universum Landesausstellungspark am Lehrter Stadtbahnhof (1875) aufgestellt. Von links mündet der südliche Rundgang aus dem Vaterländischen Saal ein. Nach rechts führt der Weg in den Mythologischen Saal der ägyptischen Abteilung.

22 Neues Museum, 2009, Südfassade

23 Vestibül (1.01.), 2009

Im Mythologischen Saal (1.11.), der durch Wandpfeiler
gegliedert wird, konnten große Teile der wertvollen gold-
blau bemalten Papiertapeten wieder aufgedeckt und restauriert werden (Abb. 24, 25). Sie schmücken die Decke und
auch die Querbalken, hinter denen die eisernen Bogensehnenträger verborgen sind. Sie zeigen ikonographische
Motive zur Astrologie, darunter den von Richard Lepsius in
Paris kopierten Tierkreiszyklus aus dem Heiligtum von Dendera. Die Beschädigungen der Raumdekorationen gehen
hier auf die »Modernisierung« der dreißiger Jahre zurück,

24 Mythologischer Saal (1.11.), 2009

als eine Zwischendecke eingezogen wurde und man die historischen Fassungen abwusch und überdeckte. Ein umlaufender Wandfries bildet Szenen des ägyptischen Totenkults ab, ein weiterer die Hauptgötter der Ägyptischen Mythologie. Bemerkenswert sind im unteren Bereich Wandmalereien, die gemaserte Holzvertäfelungen imitieren. Im Mythologischen Saal waren Mumien, Sarkophage und Grabbeigaben ausgestellt. Der anschließende, nahezu quadratische Gräbersaal unter dem Nordkuppelsaal (1.10.) enthielt drei zum Teil erst im Zuge der Ruinensicherung ausgebaute,

25 Mythologischer Saal (1.11.), 2009, Detail der Deckentapete

begehbare Grabkammern aus Gizeh und Sakkara (jetzt ausgestellt im Historischen Saal).

Der bereits zum Neubau des Nordwestflügels gehörige
ehemalige Hypostyl (1.09.), der unter anderem einen Abguss des mehrsprachigen Steins von Rosetta aus dem Britischen Museum enthielt, nach dem Jean-François Cham-
pollion 1822 die Entzifferung der Hieroglyphen gelang, ist
heute durch Wandpaneele aus Kunstbeton und stelenartige
Vitrinen nach den Entwürfen von Michele de Lucchi gegliedert. Er eröffnet den Zugang zur Galerie des neu errichteten Ägyptischen Hofes.

Der Rundgang setzt sich fort mit dem ehemals reich
dekorierten Historischen Saal (1.08.), einem nach dem Wiederaufbau unter Verzicht auf die Säulenstellungen modern

26 Historischer Saal (1.08.), 2009, Blick in den Ägyptischen Hof

konzipierten Ausstellungsraum im historischen Format, der
– wie die meisten Neubaupartien – durch sorgfältig geschlif-
fene beziehungsweise gesandstrahlte Betonfertigteile im Sinne einer steinernen Vertäfelung und durch eine Balkendecke
gegliedert wird. Die großformatigen Platten aus Weißzement
und sächsischem Marmor sind in einem warmgrauen Ton gehalten und erwecken durch die Inklusionen des Natursteins
den Eindruck modernen Kunstmarmors (Abb. 26). Für sie hat
Chipperfield eine puristisch formale Sprache entwickelt, die
sich auch bei der Verschmelzung von Neubaupartien mit dem
Altbaubestand bewährt. Der Nordrundgang mündete in den

Saal hinter der Treppe, der im Zuge des Wiederaufbaus als Vestibül für den neuen Westeingang ausgebildet wurde (1.07.).

DER ÄGYPTISCHE HOF

Der beschriebene nördliche Umgang umrundet den Ägyptischen Hof (1.12.), der ursprünglich eine der spektakulärsten historistischen Inszenierungen des Neuen Museums darstellte und durch Stülers effektvolle Chromolithographie (1862) bis heute unser Vorstellungsbild der Ägyptischen Abteilung prägt (Abb. 8, 11). Eine 360 Quadratmeter überspannende, unter dem Sattelglasdach abgehängte Milchglasdecke, die erste ihrer Art und Größe in Berlin, machte den Hof schon von Anbeginn zum Ausstellungsraum. Nur die südöstlichen Flanken mit Überresten der Wandgemälde und einige 1987 geborgene Formsteine, aus denen die sechzehn ägyptischen Säulen mit Lotuskapitellen gebildet waren, blieben bei der Ruinensicherung erhalten. Am Fries befand sich die nur den Fachleuten entschlüsselbare Widmung aus Hieroglyphen, die König Friedrich Wilhelm IV., den »siegreichen Herren des Rheins und der Weichsel«, als Protektor der Ägyptischen Expedition und Stifter des Ägyptischen Museums priesen. Der ursprünglich um ein dreistufig abgesenktes Atrium sich erstreckende, polychrom dekorierte Peristyl, in dem Pharaonen- und Götterstatuen aufgestellt waren, imitierte das bereits erwähnte Ramsesheiligtum in Theben. Über dem Säulenumgang befand sich eine umlaufende Galerie mit Abgüssen ägyptischer, assyrischer, persischer und altgriechischer Werke. Der Ägyp-tische Hof wurde 1992 von der Expertenkommission leider zu Recht als weitestgehend verloren registriert (Abb. 14). Insofern provozierte der klägliche Zustand eine radikale Neuinterpretation.

27   David Chipperfield Architects: Entwurf zum Ägyptischen Hof

Diese gelang Chipperfield, indem er eine Inversion von Raum und Masse vornahm (Abb. 27). An die Stelle des offenen Atriums tritt eine frei in den Hofraum eingestellte Haus-in-Haus-Konstruktion in Form eines über zwei Stockwerke aufgestelzten Ausstellungspodiums, das aus einer abstrakten Pfeilerarchitektur aus Kunstbeton, ausgefacht mit halbhohen Mattglaselementen, gebildet wird. Erinnert man sich an die für Schinkel und die Pioniere der Architekturmoderne des 20. Jahrhunderts so bedeutsamen Skizzen der ägyptischen Pfeilerarchitekturen von Friedrich Gilly (um 1796) und an die Rolle, die die Pfeilerhallen von Theben und Karnak als Inkunabeln einer »griechisch-germanischen Tek-

28 Friedrich Gilly: Pfeilerhallen, ehemals Technische Hochschule
Charlottenburg (verschollen)

tonik« für die Architekturtheorie des romantischen Klassizismus spielten (Abb. 28), so wird diese Formensprache
keineswegs bedeutungslos erscheinen, zumal die ägyptischen Vorbilder auch Chipperfield tief beeindruckten. Die
Neuinszenierung des ägyptischen Hofes im Sinne eines romantischen Bildes wird noch gesteigert durch die Öffnung
des ehemaligen Atriumshofes in das einer Gruft ähnelnde
Untergeschoss der Archäologischen Promenade, wo ägyptische und antike Steinsarkophage das Thema »Jenseits und

29 Ägyptischer Hof (1.12.) mit Blick in die Archäologische Promenade, 2009

Ewigkeit« illustrieren (0.12.). Reizvoll öffnet sich auch umgekehrt der Blick von hier aus nach oben in den von einem satinierten Glasdach überdeckten Hof.

Auf der Galerieebene (1.12.) geben die an pompejanische Wandgemälde erinnernden Veduten mit Schauplätzen und rekonstruierten Monumenten aus der Ägyptischen Kampagne von Lepsius – gemalt von Carl Graeb, Wilhelm Schirmer, Eduard Pape, Eduard Biermann und Max Schmidt – noch einen lebendigen Eindruck des lehrreichen Zyklus, von dem auf der Ostseite der Obelisk im Tempel von Karnak, der Vorhof des Tempels von Edfu, eine Ansicht der Insel Philae, der Felsentempel von Abu Simbel und der Berg

30 Ethnographischer Saal (1.06.), 2009

Barkal sowie an der Nordwand das Fragment der Darstellung der Steinbrüche von Silfilis leidlich erhalten sind (Abb. 12, 29).[10] Alle Wände sind ansonsten bis auf den Rohbau entblößt, die Neubaufassaden an der Süd- und Westseite wurden durch Verwendung von Altziegeln aus Brandenburg dieser archäologischen Aura angeglichen.

DER SÜDRUNDGANG

Vom rückwärtigen Vestibül (1.07.) öffnet sich nach Süden der einstige Ethnographische Saal (1.06.), eine lange, durch

31 Flachkuppelsaal (1.04.), 2008

sechs dorische Säulenpaare gegliederte und von Westen belichtete Galerie, in der anfänglich die Kunst jener »vollkommen barbarischen Völker, wie sie Africa und Oceanien bietet«, und damit ein Kernbestand des späteren Völkerkundemuseums ausgestellt war. Über den Säulenkernen aus Sandstein kann man noch die Modellierung der dorischen Kanneluren aus »Marblecement« in ihrem unterschiedlichen Erhaltungszustand erkennen. Im Kontrast zum restaurierten Terrazzoboden entsteht, wie Georg Mörsch formuliert, ein »Gleichgewicht, in welchem Gestalt und verstrichene Zeit zur Anschauung kommen« (Abb. 30).

Linkerhand schloss sich der Flachkuppelsaal für die »schon bedeutsamere[n] Gegenstände« aus Polynesien und Indien an, wie es 1855 in einer Beschreibung hieß (1.04.). Ursprünglich bestand er aus neun Jochen, wurde beim Umbau der zwanziger Jahre jedoch auf sechs Joche verkürzt. Sie zeigen über dorischen Säulen und Pilastern die für Stüler typischen, aus Tontöpfen gemauerten Flachkuppeln, die ihre reiche, elegante Verzierung weitgehend bewahrt haben (Abb. 31). Die durch eine Stirnwand ausgegliederte schmale Galerie nimmt jetzt das Museumscafé (1.05.) ein. Die neue, durch Pfeiler gegliederte Exedra erweitert den Flachkuppelsaal heute wieder nach Norden und gewährt einen großartigen Panoramablick in den Griechischen Hof.

GRIECHISCHER HOF UND SCHIEVELBEINFRIES

Es bietet sich an, von hier aus den Griechischen Hof (0.13.) zu betrachten (Abb. 32), der wie der Ägyptische Hof sowohl der Belichtung als auch – seit dem Umbau 1919 – 1923 – als überdachte Ausstellungshalle für die Armana-Ausgrabungen diente und heute zur Archäologischen Promenade gehört. Dies erklärt, dass sich der ursprüngliche Außenraumcharakter hier stärker erhalten hat. Die Wände und die Exedra wirken überwiegend durch ihren warmen, ziegelsichtigen Rohbaucharakter, auch wenn größere Fragmente der sandsteinfarbenen Putze mit ihrer Haustein imitierenden Ritzquaderung erhalten blieben. 1883 – 1887 wurde ein Halbgeschoss aufgesetzt, als das ursprünglich nach innen geneigte Pultdach nach außen gedreht und entsprechend erhöht wurde. Über dem neuen Glasdach sind noch die drei Medaillons mit den Köpfen der griechischen Götter Zeus, Hera und Athene sichtbar, die die Außenwand des Treppenhauses schmücken.

32 Griechischer Hof (0.13.), 2008, Blick nach Norden

Das bedeutendste, von der Exedra aus gut sichtbare Ausstattungsstück des Griechischen Hofes – zugleich wichtiger Baustein der kulturhistorischen Museumsikonographie – ist der nach seinem Schöpfer benannte Schievelbeinfries. Hermann Schievelbein (1817 – 1867), der zu den wichtigsten Vertretern der klassizistischen Berliner Bildhauer-

33   Schievelbeinfries im Griechischen Hof (0.13.), 2009, Detail (Stüler und Olfers empfangen die Pompejaner)

schule gehört, erhielt 1845 den Auftrag, die Zerstörung und Nachwirkung Pompejis darzustellen. Seit dem 18. Jahrhundert waren die im ersten nachchristlichen Jahrhundert durch den Vesuvausbruch zerstörten Städte Pompeji und Herculaneum von den Archäologen und Bildungsreisenden wiederentdeckt worden. Die Ausgrabungen und Publikationen hatten maßgeblich das Bild der verfeinerten römischen Wohnkultur geprägt und nicht nur die Dekorationssysteme des Klassizismus und Historismus, sondern auch das moderne Kunstgewerbe und seine diversen Kunsttechnologien inspiriert. Der 1997 – 2008 in mehreren Etappen restaurierte Kalk-Stuck-Fries zeigt im Zentrum der Nordwand die Zerstörung Pompejis durch die allegorisch dargestellte Kraft der Natur,[11] auf der Ostwand die (fiktive) Flucht der Einwohner und auf der Westwand ihre »Ankunft« in Berlin, wo sie mitsamt ihren Kunstschätzen gnädig von Generaldirektor Olfers und Architekt Stüler empfangen werden – gleichsam eine poetische, auch heute keineswegs

ganz überholte Allegorie des modernen Museumswesens:
Das Überleben der untergehenden Kulturen durch ihre Mu-
sealisierung! (Abb. 33).

FORTSETZUNG
DES SÜDLICHEN RUNDGANGS

Vom Flachkuppelsaal (1.04.) begibt man sich linkerhand über
den völlig neu errichteten Südostrisaliten in den sogenannten Vaterländischen Saal (1.02.), der einen weiteren Höhepunkt der einstigen Museumsikonographie verkörperte. Um
den Zeugnissen der nordischen Ur- und Frühgeschichte
einen passenden Rahmen zu geben, war diese durch drei
dorische Säulenpaare und Segementbögen unterteilte Galerie 1850 – 1852 in der oberen Zone mit Bildern aus dem germanischen Sagenkreis nach der mittelalterlichen Überlieferung der »Edda«[12] ausgemalt worden (Abb. 34, 36). Diese,
nun erstmals der altgriechischen Mythologie als ebenbürtig
gegenübergestellten Szenen sollten in erster Linie eine
didaktische Funktion erfüllen, da der komplizierte nordische
Götterhimmel kaum bekannt war.[*] Die Wandmalereien wur-

[*] Partiell erhalten sind (im Uhrzeigersinn von der Südwestecke ausgehend):
Erdmutter Hertha auf ihrem Wagen, Tag und Nacht, sowie Göttervater Odin
mit den Raben Hugin und Munin; Baldur und sein durch die List Lokis her-
beigeführter Tod, rechts mit dem Spinnrocken die Göttin Holda; Der Früh-
lingsgott Freyr auf dem Eber, Zwerge beim Bau des Schiffes Skidbladnir
und Freyrs Schwester Freya auf ihrem Katzenwagen; Die Walküren in der
Schlacht und die Fahrt nach Walhalla, befehligt vom Kriegsgott Tyr; Auf der
gegenüberliegenden Ostseite Richtung Süden folgen: Die Unterweltgöttin
Hela, der Drache Nidhöggr, und Helas böser Vater Loki in Niflheim; Die drei
Nornen mit der Weltesche Yggdrasil, dem Lebensfaden und dem Schild,
auf dem die Taten der Menschen verzeichnet werden; Das nächste Bild
zeigt die Wassernixen, einen den Schatz bewachenden Greifen und den
Kampf der Riesen gegen die Drachen, das letzte den Tanz der Elfen, die die
Elfenkönigin tragen, während Thor oder Donar auf seinem von zwei Stein-
böcken gezogenen Wagen zum Kampf gegen die Bergtrolle aufbricht.

34 Vaterländischer Saal (1.02.), 2009

den schon vor 1900 verstellt und bald darauf ganz überdeckt. Sie kamen erst bei der Sanierung wieder zum Vorschein. Die beiden programmatischen Landschaftsveduten von Ferdinand Konrad Bellermann im Eingangsbereich, die die Stubbenkammer und Arkona mit Hünengrab auf Rügen zeigen, konnten aus den Trümmern des Südostrisaliten geborgen und auf die Neubauwände montiert werden (Abb. 35). Sie

35 Konrad Bellermann: Opferstein bei Stubbenkammer, Wandgemälde
im Vaterländischen Saal (1.02.), Zustand 2009

stehen in der Nachfolge der von Caspar David Friedrich und
Karl Friedrich Schinkel geprägten nordischen Geschichtsbil-
der der Romantik, stellen aber als realistische Topographien
ein Pendant zu den ägyptischen oder klassischen Veduten
im Ägyptischen Hof, im Griechischen und im Römischen Saal
dar. Auf der Südwand befinden sich drei Lünetten, die die
vorgeschichtliche Chronologie in Form von Fürstengräbern
der Steinzeit und der Eisenzeit sowie einen Schatz charak-
teristischer bronzener oder goldener Grabbeigaben abbil-
den. Auf der gegenüberliegenden Nordwand sind in einem
Fries links der nordische Himmel Walhalla mit den tafelnden
Göttern und Helden, rechts der Pfad in die Unterwelt Helheim abgebildet, in die alle nicht im Kampf Verstorbenen ein-
ziehen. Der nordische »Allvater« mit den Runentafeln Heil
und Friede im Zentrum erinnert nicht zufällig an den biblischen Mose mit den Gesetzestafeln und an den christlichen

36 Gustav Richter: Walhalla, Allvater und die Unterwelt Helheim, Wandmalerei in stereochromischer Technik im Vaterländischen Saal 1850/51, Zustand 2009

Gottvater, da – im Sinne der Evolution der Menschheit – nach der germanischen »Götterdämmerung« ein neues und höheres, das heißt ein christliches Friedenszeitalter anbrechen sollte (Abb. 36).

DIE GROSSE TREPPENHALLE

Das Herzstück des Neuen Museums ist auch heute die monumentale, sich über die ganze Höhe und Breite des Baukörpers erstreckende Große Treppenhalle (2.00.), deren Funktion als geschichtsphilosophisch ausgedeuteter Stimmungsraum bereits skizziert wurde. Stülers wichtigstes architektonisches Gestaltungsmittel war die theatralische Inszenierung des strengen Treppenlaufs, der im Hauptgeschoss auf eine ionische, dem Erechtheion auf der Athener Akropolis nachempfundene Säulenhalle trifft, von der aus rechterhand der Griechische und linkerhand der Moderne Saal zugänglich sind (Abb. 37). Doch erschließt sich die ganze Dimension der Halle erst in der diametralen Kehrtwendung des Besuchers, der nun einem der beiden an den Außenwänden parallel emporgeführten Treppenläufe folgen kann, die sich im obersten Stock einander zuwenden und in einem abschließenden Podest vereinigen (Abb. 39).

Von beiden Schmalseiten fällt Licht durch die Drillingsfenster der Risalite in den riesigen Raum, und dennoch vermitteln zumindest die fotografischen Bildquellen des ursprünglichen Zustandes den Eindruck einer eher düsteren
polychromen Pracht, die sich dem Beschauer erst in einem
kalkulierten Aufstieg erschloss (Abb. 40, 41, Rückseite des
Umschlags). Dieser »Ascensus« führte vom dämmrigen,
streng dorischen Vestibül über die Treppe aus grauem schle-
sischen Marmor, vorbei am Abguss des Reliefs des myke-
nischen »Löwentores« (1300 v. Chr.) – gleichsam aus der
Sphäre der »primitiven« ägyptischen, ozeanischen und frühgeschichtlichen Kulturen – in die prächtige obere Halle mit
ihren marmornen gelb-weißen Treppenwangen und edlen
Architekturgliedern, die dem höheren Reich der Antike und
der neuzeitlichen Epochen entsprachen. Vor den Balustra-
den standen Abgüsse der großen römischen Rossebändiger
vom Quirinal in Rom, Wände und Dachstuhl waren in einem
dunkel schimmernden pompejanischen Rot gehalten. Den
Scheitelpunkt des obersten Treppenpodests vor dem Drillingsfenster krönte eine verkleinerte, farbig gefasste Nach-
bildung des Korenportikus vom Athener Erechtheion (5. Jh.
v. Chr.). Sie wurde gefertigt und ergänzt von Friedrich Drake
auf der Grundlage des Originals von Kore C im Britischen Museum. Die Überreste (Abb. 13) wurden im Zuge der Ruinensicherung abgebrochen. Die durch den menschlichen Leib

37   Große Treppenhalle (2.00.), 2009, Blick nach Westen

38   Große Treppenhalle (2.00.), 2009, Blick nach Norden

beziehungsweise eine weibliche Gewandfigur ersetzte Säu-
le – ein ungemein beliebtes Motiv im preußischen Spätklas-
sizismus der Jahrhundertmitte – stellte nach der zeitgenössischen Kunsttheorie, etwa in der Ästhetik Friedrich Wilhelm
von Schellings, den Inbegriff der anthropomorphen, dem
rein Menschlichen verpflichteten griechischen Kunstauffas-
sung dar. Die Idee des christlich-abendländischen Menschen,
dessen geschichtlichem Aufstieg der Zyklus der Wandmalereien Wilhelm von Kaulbachs gewidmet war, musste über
eine solche »heidnische« Auffassung allerdings noch hinaus-
gehen. Die ideale Einheit von Antike und Christentum wurde
vor allem durch das auf Schinkel zurückgehende Architek-
turmotiv des offenen Dachstuhls angedeutet (Abb. 42). Der
aus bauphysikalischen Gründen noch als Zimmermannns-
werk ausgeführte Holzdachstuhl mit dem Zierrat der Pan-

39 Große Treppenhalle (2.00.), 2009, Blick nach Osten

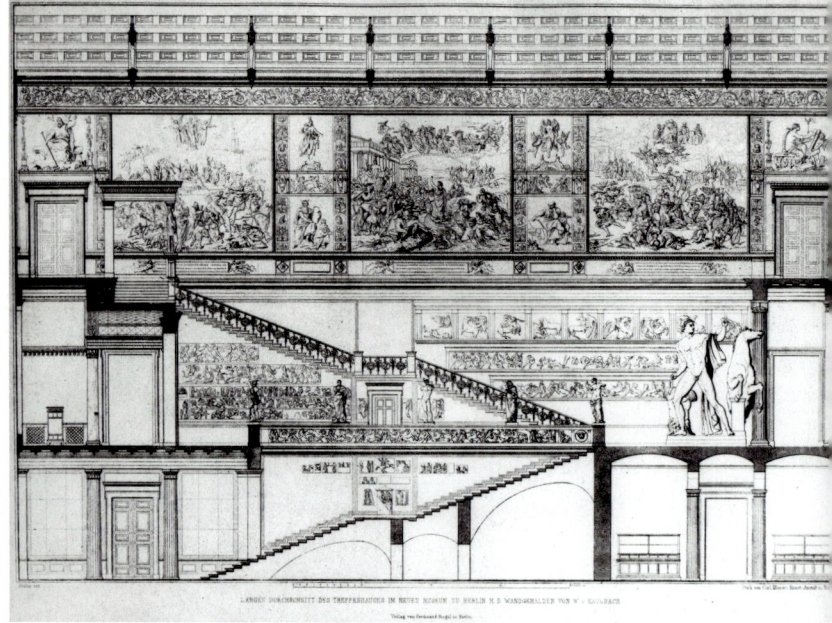

40 Große Treppenhalle, 1862, Längsschnitt, Lithographie nach Friedrich August Stüler

ther, Hirsche, Löwen, Greifen und Stiere aus vergoldetem Zinkguss stellte nach damaliger Auffassung zwar eine »griechische« Erfindung dar, war als antikes Architekturerbe aber längst in die Bautypologie der altchristlich-byzantinischen Basilika eingegangen und eignete sich somit bestens, um die Kontinuität der sich ablösenden Weltepochen – den Schritt vom heidnischen Athen ins christliche Ravenna (Abb. 43) – anschaulich zu symbolisieren, woran dem frommen preußischen König besonders gelegen sein musste.

Dass die völlig ausgebrannte Große Treppenhalle mit ihrer differenzierten und komplexen künstlerischen Ausstattung als unwiederbringlicher Verlust gelten musste, stellte

41 Hedwig Schulz-Voelker: Große Treppenhalle des Neuen Museums, um 1910, Aquarell, Staatliche Museen zu Berlin, Kupferstichkabinett

42 Karl Friedrich Schinkel: Entwurf für einen Palast auf der Akropolis, 1834, Aquarell, Staatliche Museen zu Berlin, Kupferstichkabinett

die Expertenkommission aus Ost und West 1992 ebenso einstimmig wie bedauernd fest; aber im selben Atemzug erklärte sie auch, dass beim Wiederaufbau nicht auf ihre strukturelle Funktion für den architektonischen Organismus des Bauwerks und auf Stülers räumliche Gliederung durch die gegeneinander versetzten »langen, strengen Treppenläufe« verzichtet werden könne. Infolgedessen stellte sich die fast unlösbare Aufgabe, unter Einbeziehung der noch vorhandenen Substanz und unter heutigen ideellen und konstruktiven Voraussetzungen eine räumliche Analogie zu Stülers Treppenhaus zu schaffen, ohne in eine nostalgische

43   Sant'Apollinare in Classe, Ravenna, 6. Jahrhundert

Nachahmung einzelner Motive zu verfallen. Denn jeder
Rückgriff auf im ursprünglichen Gesamtkontext stimmige
Detailformen hätte zwangsläufig eine Serie weiterer, aber
letztendlich sinnentleerter Imitate nach sich gezogen. Es
ging bei der Neuinterpretation des Raumes zunächst da-
rum, die äußerst kleinteilige ästhetische Textur aus vielfältigen Zierraten durch wenige beruhigte Großformen zu er-
setzen. So sind die einst filigranen Palmetten und Rosetten
des vergoldeten Treppengeländers und die blockhaften Ba-
lustraden aus weißem Marmor nun durch die großformatigen, aber fein gefugten und mattpolierten Flächen des

Kunstbetons ersetzt. Sie bilden anstelle der zerstörten, pompejanisch Rot glänzenden Gewände eine neue, ebenso künstliche Vertäfelung, die in den Sichtziegelrohbau eingepasst wurde und – etwa in den eingerollten Handläufen – hohe sinnliche Qualität erreicht. Die Kunstbetonvertäfelung zieht die Hauptlinien der Treppenläufe kräftig nach und bildet für das noch erhaltene Edelholzportal zum Bacchussaal (dessen Form gleichfalls vom Erechtheion übernommen wurde) eine fast archaische Rahmung (Titelabbildung, Abb. 39). Chipperfields strenge Raumfassung kontrastiert mit den von ihren dekorativen Schichten fast ganz entblößten Umfassungsmauern der Halle aus rhythmisch strukturierten Sichtziegeln. (Die Zwischenräume dienten der Hinterlüftung der Wandflächen, auf deren Verputz die Wandmalereien aufgetragen worden waren.) Im unteren Bereich sind heute wieder Abgüsse antiker Reliefs aufgehängt,[13] die dem Raum wie zu Stülers Zeiten den belebten Charakter eines antikischen Lapidariums geben.

Die Option, anstelle der zerstörten Wandgemälde die originalgroßen Vorzeichnungen Kaulbachs auf Karton aus dem Besitz der Alten Nationalgalerie im oberen Register der Halle aufzuhängen, wurden nach intensiver Diskussion ebenso verworfen wie der Vorschlag, eine Neuschöpfung durch einen zeitgenössischen Künstler in Auftrag zu geben. Ehrlicherweise muss eingeräumt werden, dass eine nur formalistische Dekoration dem Raum nicht gerecht würde, eine programmatische Aussage aber in unserer Zeit fragwürdig bleiben müsste. Ein negatives Ergebnis zeitigte auch der Versuch, dem Wunsch nach historischer Erinnerung nachgebend, die krönende Korenhalle als würdigen Abschluss des Treppenhauses zu rekonstruieren. Bei einer entsprechenden »Bemusterung« zeigte sich, dass die Reproduktion des modellhaften griechischen Artefakts im Kontext der künstlerischen Neuinterpretation nicht nur völlig inkonse-

44 Terassenkonstruktion des Kiyomizu-Tempels, Kyoto, aus dem
17. Jahrhundert

quent gewesen wäre, sondern aufgrund der mangelnden tektonischen, ästhetischen und kunsttheoretischen Einbindung auch unmotiviert wirken würde.

Schließlich stellte der Verlust des offenen hölzernen Dachstuhles eine besondere Herausforderung für den Architekten dar. Die klassizistische, architekturtheoretisch befrachtete Bauidee ließ sich in ihrer filigranen und dekorativen Wirkung nicht einfach wiederholen oder in moderne Materialien übersetzen. Andererseits waren die große Höhe und das enorme Raumvolumen der Halle kaum überzeugend mit einer simplen Flachdecke zu schließen. So entschied sich Chipperfield für eine schwere und tiefe offene Holzkonstruktion aus massiven Vierkantbalken, die das nun einschalige und entsprechend etwas höher ansetzende Satteldach trägt. Anregungen für diesen Dachstuhl sind nicht in Griechenland, sondern in der japanischen Holzbaukunst zu finden, etwa im Todai-Ji-Tempel des Großen Buddha bei Nara, der aus dem 12. Jahrhundert stammenden, vielleicht monumentalsten Holzkonstruktion der Architekturgeschichte, oder in der Holzterrasse des Kiyomizu-Tempels in Kyoto aus dem 17. Jahrhundert (Abb. 44). Chipperfield, der seit Ende der 1980er Jahre auch in Japan – namentlich in Kyoto – baute, hat deren Wirkmächtigkeit auf das Neue Museum übertragen. Tatsächlich gibt das auf den ersten Blick überinstrumentiert wirkende Dach dem Raum erst die notwendige »gravitas«, nicht nur im Sinne der Massivität und Schwere, sondern auch im Sinne einer nicht unpathetischen Würde.

Die Große Treppenhalle muss in ihrer kompromisslosen Neufassung alle schockieren, die sich das reiche, aber ideologisch und ästhetisch keineswegs harmlose Architekturbild von 1862 zurückwünschen. Sie zieht jedoch durch ihren neuen gestalterischen und emotionalen Ausdruck den Betrachter sofort in ihren Bann und fordert ihn nicht zuletzt zur erinnernden Auseinandersetzung mit den zerstörten Schichten des Baudenkmals heraus.

DER RUNDGANG IM HAUPTGESCHOSS

Das gesamte Hauptgeschoss war in einer prächtigen Raumfolge »für die Aufstellung einer möglichst vollständigen Sammlung von Gypsabgüssen nach der Antike und nach den besten Werken des Mittelalters und der nachfolgenden Zeiten bestimmt, so dass in derselben eine Uebersicht

45 Griechischer Saal (2.08.), 2009

der Geschichte der Sculptur in ihren besten Erzeugnissen gegeben wird«.[14] Von der ionischen Säulenhalle des Treppenhauses gelangte der Besucher rechterhand in den Griechischen Saal (2.08.), der einst Hauptwerken der griechischen Kunst vorbehalten war, darunter der von Carl Boetticher erstellten farbigen Rekonstruktion des Tempel giebels von Ägina und Abgüssen des Parthenonfrieses, den Lord Elgin Anfang des 19. Jahrhunderts aus Athen nach London ins Britische Museum abtransportiert hatte. Der Raum war in seiner ganzen Breite von reich verzierten Bogensehnenbindern überspannt und ähnlich wie der Ägyp-

46 Apollosaal (2.09.), 2009

tische Hof mit zehn großformatigen archäologischen Landschaften aus Griechenland dekoriert. Auch er gehört zu den
Totalverlusten und wurde von Chipperfield durch eine stüt-
zenlose Neufassung ersetzt, die anstelle der Bogensehen-
binder ein strenges Betongebälk zeigt (Abb. 45). Im Uhrzeigersinn folgte ursprünglich ein Durchgangskabinett mit
dem Abguss der berühmten Laokoongruppe. Heute gelangt man direkt in den in heroisch-blockhaften Formen
neu errichteten Apollosaal (2.09., Abb. 46), benannt nach
dem dort einst aufgestellten Abguss des Apollo von Belve-
dere. – Heute finden wir hier Werke aus der Armana-Samm-

47   Nordkuppelsaal (2.10.), 2009

lung. Rechterhand betritt man über eine Brücke das Po-
dium des neuen Ägyptischen Hofes (2.12.), ein »Sanktua-
rium« (Allerheiligstes), wo Bildnisse der Königsfamilie Ech-
natons gezeigt werden.

Ein schmaler Durchgang führt in den ruinenhaft kon-
servierten, beide oberen Stockwerke übergreifenden acht-
eckigen Nordkuppelsaal (2.10.), der auch heute noch mit
seinem von einer eisernen Laterne bedeckten Oberlicht und
dem reichen Wandschmuck den Eindruck eines antiken römischen Sakralraumes erweckt (Abb. 47). Die Nischen in der
Diagonale sind als halbkreisförmige Konchen ausgebildet,

die in den orthogonalen Achsen als Kastennischen. Mit Ausnahme der beiden Portale zum Apollo- und zum Niobidensaal enthielten sie Statuen vor porphyrgrünem Grund. Die Lünetten zeigen noch die Überreste der Darstellungen der Taten griechischer Heroen, allesamt letztlich Allegorien des Sieges der Zivilisation über die rohe und dämonische Natur: Herkules bezwingt die Hirschkuh von Kerynea, Bellerophon auf Pegasus tötet die Chimäre, Perseus befreit Andromeda und Theseus tötet Minotaurus. In den Kuppelkassetten erkennt man Genien im Spiel mit Tieren, die den Göttern heilig waren, und ihre Attribute. Hier ist im Fluchtpunkt der Sichtachsen die weltberühmte Büste der Nofretete ausgestellt.

Der besterhaltene historische Saal des Neuen Museums ist der anschließende Niobidensaal (2.11.), der seinen Namen von der einst aufgestellten Statuengruppe der Niobe mit ihren vierzehn sterbenden Kindern (Original in den Uffizien/Florenz) erhielt. Niobe hatte Leto, die Mutter von Apollo und Artemis verhöhnt, die darauf mit dem Kindermord Rache an ihrem Hochmut nahmen. Das Innenportal wurde aus Abgüssen von zwei Koren nach Vorbildern aus der Villa Albani in Rom gebildet, die schon Leo von Klenze in der Münchner Glyptothek für den Übergang zum Römersaal eingesetzt hatte. Die Inschrift nach Aischylos ES SCHUF PROMETHEUS JEDE KUNST DEN STERBLICHEN verweist auf die Kunst als wesentliches Element des Humanen. Die Bedeutung des schöpferischen Menschen unterstreicht auch das am gegenüberliegenden Portal zum Bacchussaal angebrachte berühmte Zitat aus Sophokles' Tragödie »Antigone«: STAUNLICHES WALTET VIEL UND DOCH NICHTS ERSTAUNLICHERES ALS DER MENSCH. Zehn mit vergoldeten Zinkgussfiguren reich geschmückte Bogensehnenträger spannen sich von Wand zu Wand und tragen die eisernen Pfetten, auf denen das flache, segmentbogenförmige Gewölbe ruht

48   Niobidensaal (2.11.), 2009, Blick in den Nordkuppelsaal

(Abb. 48). Im Sinne der Tektoniktheorie Boettichers sind die
konstruktiven Ankerpunkte der Sehnen durch Konsolen ver-
kleidet, die selbst keine statische Funktion haben. Die Sehnen illustrieren in Form von gedrehten Tauen anschaulich
die Zugkräfte. Die leichten Gewölbe sind mit einer Tapezie-
rung überdeckt, die in stilisierter Form die reale darunter lie-
gende Topfdecke abbildet und bei der Restaurierung deutlich abgesetzt ergänzt wurde. Über einem durchgängigen
Fond aus pompejanischem Rot, dessen Fehlstellen dem
Originalzustand angenähert wurden, zieht sich ein noch gut
erhaltener Bilderfries mit 21 Darstellungen aus der antiken
Sagenwelt, zum Teil nach Vorlagen des klassizistischen Ma-

49   Niobidensaal, Teilansicht der Wandmalereien, Zustand 1943

lers Bonaventura Genelli (Abb. 49).* Heute präsentiert der
Niobidensaal auf vier langen Tischen, die sich dem Raum
harmonisch einfügen, die »Bibliothek der Antike« mit Papy-
ri, Pergamenten, Codices und illuminierten Handschriften
von den altägyptischen Klassikern bis zu den Koranhand-
schriften des Mittelalters.

---

* Orpheus in der Unterwelt, Cadmus tötet den Drachen, Hypsipyle findet
den von einer Schlange getöteten Opheltes/Archemoros, Merkur schläfert
Argus ein, Der aus Theben vertriebene Ödipus wird von seiner Tochter Antigone geführt, Pelops und Hippodamia nach dem Sieg im Wagenrennen,
Tantalos und Sisyphos im Hades, Jason und Medea mit dem Goldenen Vlies
und dem getöteten Drachen, Diana bewahrt Iphigenie vor der Opferung,
Achilles empfängt von Thetis eine neue Rüstung bei der Leiche des Patro-

50 Römischer Saal (2.02.), 2009

klos, Rettung des Odysseus durch den Schleier der Leukothea, Aeneas flieht mit Anchises und Ascanius aus dem brennenden Troja, Dädalus fertigt die Flügel für Ikarus an, Prometheus am Felsen, Der pflügende Romulus, Der Zorn des Ajax, Meleager überreicht Atalante das Haupt des Caledonischen Ebers, Peleus entführt Thetis, Hyllos (der Sohn des Herkules) überbringt seiner Mutter das Haupt des Eurystheus, Kekrops betet die Statue der Athene an, Die Erziehung des Achilles durch Chiron.

Im Scheitelpunkt des Rundgangs, hinter dem hölzernen Prachtportal zur Großen Treppenhalle, folgt der Bacchussaal (2.01.), dessen niedriger Teil unter dem Treppenpodest von einer Arkade getragen wird, während der höhere Teil an der Fensterfront flach gedeckt ist. Von der Ausmalung in Form einer Weinlaube über violettem Grund sind noch Überreste erhalten und an den Pfeilern finden sich schöne Grottesken. Zwei pompejanische Säulen mit gemalten Mosaiken leiten in den Römischen Saal (2.02.) über. Die reichen, über moosgrünem Grund aufgebauten Wandfassungen mit den vier polychrom verzierten Wandnischen an der Hofwand sind fragmentarisch erhalten. Der Raum, der prächtige aus Stuck geschnittene Innenportale aufweist, wird durch sechs ionische Säulen aus böhmischem Marmor gegliedert, die Arkaden ausbilden, zwischen denen vier flach gewölbte Quertonnen als Tontopfdecken eingespannt sind (Abb. 50). Diese sind mit einer hellblauen rautenförmigen Stuckierung nach Vorbildern aus Baalbek und aus dem Diokletianspalast in Spalato / Kroatien bekleidet. Die Decke konnte weitgehend konserviert werden, zum Teil wurde sie lediglich in ihrer geometrischen Struktur nachgezeichnet. Der Mosaikboden wurde restauriert und ergänzt. Eindrucksvoll reihen sich im oberen Register der Wände umlaufend die Veduten römischer Städte, Landschaften und Architekturszenen von Eduard Pape aneinander, die den topographischen und geschichtlichen Bezug der hier ausgestellten Kunstwerke veranschaulichten – sorgsam konserviert, aber unter Milderung der Fehlstellen nur sparsam restauriert (Abb. 51, 52).[*]

[*] Noch erhalten: Das Trajanische Forum, Das Forum Romanum, Die Römischen Kaiserpaläste mit dem Circus Maximus, Konstantinsbogen, Porta Nigra in Trier, Stibadium im Tuscum des Plinius, Tor von Pompeji. Verloren sind: Columbarium der Livia Augusta, Grabmal der Plautier bei Tivoli, Tempel der Sibylla in Tivoli, Tempel der Isis in Pompeji, Forum in Pompeji, Insel des Aesculap (Tiberinsel in Rom), Villa Tiburtina des Trajan, Die Thermen des Caracalla, Der Tempel in Praeneste, Inneres des Scipionen-Grabes bei Rom.

51/52 Der Palatin mit Circus Maximus in Rom, Wandbild im Römischen Saal, Zustand 1943 oben, Zustand 2008 unten

53 Südkuppelsaal (2.03.), 2009

54 Mittelalterlicher Saal (2.04.), 2009, Blick in den Südkuppelsaal

Gänzlich verloren ist wiederum der Südkuppelsaal, ein
ursprünglich besonders anspruchsvoller Zentralraum mit
einer Oberlichtkuppel über Pendentifs und monumentalen
Lünetten, die Wendepunkte der Geschichte im Übergang
von der Antike zum Christentum darstellten.[*] Im Süden lei-
tete die geschickt verschwenkte Achse durch einen Säulen-
schirm über die Verbindungsbrücke ins Alte Museum über.
Im neu aufgebauten Südostrisaliten brachte David Chipperfield neben einem Aufzug für eine behindertengerechte Er-

[*] Die Anerkennung des Christentums durch Kaiser Konstantin, Die Einwei-
hung der Sophienkirche in Konstantinopel durch Kaiser Justinian im Jahre
549, Theoderich empfängt in Ravenna die Gesandten verschiedener Völker, Versöhnung des Sachsenherzogs Wittekind mit Karl dem Großen (nach
einem Entwurf von Wilhelm von Kaulbach). In den Tondi auf Goldgrund
die vier Kardinaltugenden mit Allegorien der Hauptstädte des Mittelalters:
Rom, Jerusalem, Byzanz und Aachen.

55 Moderner Saal (Abgusssammlung), 1862, Lithographie nach Friedrich August Stüler

schließung, Nottreppen und Technikräumen einen gänzlich neu formulierten Kuppelsaal als Rohziegelbau ein (2.03.), der stufenlos, aber spannungsvoll vom Raumquadrat zur kreisförmigen Opaion überleitet. Der archaisch anmutende Raum wird durch eine verglaste Laterne belichtet (Abb. 53).

Von hier aus gelangt man in den einstigen Mittelalterlichen Saal (2.04.), dessen neun Flachkuppeln über ionischen Säulen und Pilastern die Struktur des darunter liegenden Flachkuppelsaals wiederholen (Abb. 54). Ursprünglich war der Raum mit den Porträts mittelalterlicher Kaiser geschmückt, von denen sich die Maximilians I. und Karls IV. von Luxemburg erhalten haben. Die neu errichtete Exedra greift das effektvolle Motiv der von oben beleuchteten Nischen

56 Moderner Saal (2.06.), 2009

57 Moderner Saal, 2005

wieder auf (Abb. 16), das diesen Raum ursprünglich als »stil-
le Kapelle«, bestückt mit Werken christlich-mittelalterlicher
Kunst, akzentuiert hatte.

Ein separater Raum im Südwesten, das ehemals dem
kunstsinnigen Bischof von Hildesheim gewidmete Bern-
wardzimmer (2.05), nimmt heute nach der Konzeption Martin Reicherts, Projektarchitekt Chipperfields, die Funktion
eines »Fragmentariums« ein: An den Wänden wurden größere Bauornamente wie Spolien befestigt. In noch erhaltenen originalen Pultvitrinen von Stüler sind nicht wieder
verwertbare Fundstücke aus der Ruine ausgestellt: Reste
von Eisen- und Zinkgussornamentik, Boden-Mosaike, Frag-

mente der Kaulbachschen Wandbilder, Tontöpfe und Ter-
rakotten.

Schließlich bildet der Moderne Saal (2.06.) den Abschluss des einstigen Rundgangs durch die Kunstgeschichte. Ganz ähnlich wie im Saal der Neueren in der Münchner
Glyptothek repräsentierten hier bekannte Werke von der
Renaissance bis ins 19. Jahrhundert (eine damals noch als
Einheit verstandene Epoche) das Fortleben beziehungsweise erneute Erblühen des antiken und mittelalterlichen Er-
bes. Durch sechs ionische Säulenpaare mit Arkaden und eingestellte halbhohe Querwände (wie sie Schinkel schon in
der Gemäldegalerie des Alten Museums und Klenze zeit-
gleich in der Petersburger Neuen Eremitage nutzte) war der
Raum »nach Schulen und Zeitepochen« in Kojen unterteilt,
die dicht mit Statuen und Reliefs bestückt waren. Er hat nach
dramatischer Zerstörung seine historische Großform heute
weitgehend zurückgewonnen (Abb. 55, 56, 57). Der Gips-
abguss der »Paradiesespforte« des Florentiner Baptiste-
riums von Lorenzo Ghiberti wurde wieder am originalen
Standort der Südwand aufgestellt.

DAS ZWEITE OBERGESCHOSS

Über die anspruchsvollen Treppenläufe der Großen Treppenhalle führt der Weg in das zweite Stockwerk, das ehemals im
Norden das Kupferstichkabinett und im Süden (bis 1875) die
Kunstkammer beherbergte. Ausnahmslos waren die Trag-
werke der Räume des obersten Rundgangs als leichte Eisenkonstruktionen ausgeführt, die Fußböden – den eingeschränk-
ten Nutzungsanforderungen entsprechend – damals als Ta-
felparkett, das (mit Ausnahme der erhaltenen Orginalböden
im Sternen- und Majolikasaal) durch massive Schlossdielen
aus Eiche ersetzt wurde. Die dekorative Ausstattung war ge-
messen an den beiden Hauptgeschossen stark reduziert.

58   Roter Saal (3.11.) mit Vitrinen, 2009

Von der obersten Empore, die einen eindrucksvollen Blick hinab in die Treppenhalle gewährt, öffnet sich linkerhand der Rote Saal (3.11.), der in seiner wiederhergestellten pompejanischen Farbfassung und seinen goldenen Bogensehnenträgern eine vereinfachte Version des darunter liegenden Niobidensaals darstellt (Abb. 58). Das erste abgetrennte Joch mit den Treppen in die Dachräume enthielt einen Dienstraum für den Saaldiener, der die Stiche und Handzeichnungen im Stu-

59 Westlicher Kunstkammersaal ((3.06.), 2009

diensaal vorlegte. Hier sind Stülers Bogensehnenträger in ihrer reinen konstruktiven »Kernform« zu sehen. Der Rote Saal selbst, einst geschmückt mit Porträts berühmter Meister der Graphik und Handzeichnung, wurde mit hohen Vitrinenschränken des späten 19. Jahrhunderts aus dem alten Kunstgewerbemuseum eingerichtet, die einen Eindruck der früheren musealen Präsentation vermitteln. An der Stirnwand ist in der Wandnische die beherrschende Büste Albrecht Dürers von Christian Daniel Rauch replatziert.

Den Luftraum über der Nordostkuppel umgehend, gelangt man in den sogenannten ehemaligen Grünen Saal im

60 Sternensaal (3.05.), 2009

Neubauflügel (3.09.), der einen schönen Blick in den Ägyptischen Hof freigibt. Die anschließende moderne Galerie (3.08.; ehemals Blauer Saal) ist beidseitig belichtet und im Norden um ein Joch mit einem Seitenraum verkürzt, so dass eine Analogie zum Direktorenzimmer geschaffen wurde, das sich früher an dieser Stelle befand. Hier wurden die circa fünfhunderttausend Blätter der bedeutenden Berliner Graphischen Sammlung aufbewahrt und bei Bedarf dem Besucher vorgelegt.

Über die Brücke der ionischen Arkadengalerie, die noch einmal den Gegenblick in das spektakuläre Treppenhaus bietet, gelangt man in den westlichen Kunstkammersaal (3.06.), wo einst die »Merkwürdigkeiten und Werke der

61   Majolikasaal (3.04.), 2009

Kunstindustrie, des Mittelalters und der neueren Zeit, herr-
liche Elfenbeinarbeiten und Schnitzeleien in Holz, Raritäten
in Glas, Porzellan usw.« ausgestellt waren. Anstelle der zerstörten und aus moderner Sicht unwiederholbaren gusseisernen Stützensysteme, wurden konische sich nach unten
verjüngende Gussbetonstützen eingesetzt, die die Beton-

balkendecke tragen und ein wenig an den unkonventionellen Klassizismus Josef Plečniks in den Präsidenten-Räumen des Prager Hradschin und in der Bibliothek von Ljubljana aus den zwanziger und dreißiger Jahren erinnern (Abb. 59).

Das anschließende Eckkabinett des Sternsaales (3.05.) mit seiner ungewöhnlichen Rabitzdecke, der gleichsam als Exempel eines »period rooms« für die kirchliche Schatzkunst geschaffen worden war, wurde bereits im Zusammenhang mit seiner Rekonstruktion erwähnt (Abb. 60). Der folgende Majolikasaal (3.04.) greift die Bedeckung der darunter liegenden Flachkuppelsäle wieder auf. Hier wirken die noch erhaltenen »Kernformen« der leichten Eisenkonstruktionen und Topfkuppeln in ihrer schlichten, modern anmutenden Materialästhetik (Abb. 61). Über das Verbindungsgelenk des neuen Südostrisaliten erreicht man als letzte Galerie des Rundgangs den Östlichen Kunstkammersaal (3.02.) – auch dieser aufgrund der starken Zerstörungen im Dachbereich weitestgehend eine in ihrer Materialität und Formensprache charaktervolle Neuschöpfung.

62 David Chipperfield, Skizze zum Neuen Museum

LAUDATIO

Das Neue Museum, das im mehr als zwei Jahrzehnte wäh-
renden, mit deutscher Gründlichkeit ausgefochtenen Streit
über seinen Wiederaufbau zum weltanschaulichen Zank-
apfel um den rechten Umgang mit der Geschichte geriet,
wird auch weiterhin die Gemüter bewegen, denn der faszinierenden Schönheit seiner gleichermaßen historischen
und zeitgenössischen Aura kann sich kein Besucher entzie-
hen. Die Intensität, mit der um die Erfüllung und Gestaltung
der vielfältigen Anforderungen an das Baudenkmal gerun-
gen wurde, ist wohl in jüngerer Zeit ohne Parallele. Das
Ergebnis dieses insgesamt rational planenden, zugleich
methodisch reflektierten wie auch künstlerisch intuitiv ab-
wägenden Vorgehens der Architekten, Restauratoren und
Museumsfachleute[15] ist zweifellos ein neues Neues Museum, in dem jedoch das alte Neue Museum Stülers im dop-
pelten Sinne des Wortes »aufgehoben« ist, das heißt: Seine
tradierte historische Substanz und seine künstlerische Idee
wurden soweit wie möglich bewahrt und dennoch in eine
neue Identität überführt. Diese Vergegenwärtigung des
Baudenkmals entspricht nicht zuletzt der aktuellen museologischen Auffassung von Wert, Bedeutung und Vermitt-
lung der im Neuen Museum präsentierten Kunstwerke und
Sinnhorizonte.

ANHANG

DIE ARCHITEKTEN

Friedrich August Stüler

Stüler wurde 1800 in Mühlhausen geboren, studierte 1818 – 1827 an der Berliner Bauakademie und wurde nach dem Examen kurzzeitig Mitarbeiter Karl Friedrich Schinkels, dessen Bestrebungen er fortsetze. Er war Mitbegründer des Berliner Architektenvereis (1824) und bereiste 1829 – 1831 Frankreich, Italien und Russland. 1832 wurde er zum Preußischen Hofbaurat, 1842 zum Architekten des Königs ernannt. Zu seinen wichtigsten ausgeführten Werken gehören neben dem Gesamtplan der »Freistätte für Kunst und Wissenschaft« mit dem Neuen Museum und der Nationalgalerie (Vorentwürfe) die St. Peter- und Paulskirche auf Nikolskoe (1833 – 1836), die Kuppel und die Schlosskapelle des Berliner Stadtschlosses (1845 – 1853), die Universität Königsberg (1843 – 1862), das Diakonissen-Krankenhaus (jetzt Künstlerhaus) Bethanien in Berlin-Kreuzberg, die Matthäi-Kirche in Berlin-Tiergarten (1844 – 1866), das Nationalmuseum Stockholm (1847 – 1866), das Orangerieschloss in Potsdam (1850 – 1860), die Garde-du-Corps-Kasernen gegenüber Schloss Charlottenburg in Berlin-Charlottenburg – heute Museum Berggruen und Collection Scharf-Gerstenberg (1851 – 1859), das ehemalige Wallraff-Richartz-Museum Köln (1855 – 1861) und die Akademie der Wissenschaften in Budapest (1862 – 1865). Bauten von Schinkel und Persius, wie die Nikolaikirche und die Friedenskirche in Potsdam, führte er zuende. Hinzu kommen Neubauten, Umbauten, Innenausstattungen und Restaurierungen von mehr als 300 Kirchen, Dutzenden von Schlössern, Herrenhäusern, Wohn- und Geschäftsbauten sowie Denk- und Grabmäler, Kasernen und Bahnhöfe in Berlin, in der Mark Brandenburg und allen preußischen Provinzen einschließlich der Rheinlande und Schlesiens (heute Polen). Stüler, der 1865 in Berlin starb, gehört zu den bedeutendsten deutschen Architekten im Übergang vom Klassizismus zum Historismus.

David Chipperfield

David Chipperfield wurde 1953 in London geboren. Er studierte an der Kingston School und der Architectural Association in London. Nach seinem Abschluss arbeitete er zusammen mit Douglas Stephen, Richard Rogers und Norman Foster. David Chipperfield eröffnete sein Büro 1984. Heute arbeiten rund 150 Mitarbeiter für David Chipperfield Architects in London, Berlin, Mailand und Shanghai. Das Büro hat mehr als vierzig nationale und internationale Wettbewerbe und zahlreiche internationale Preise und Auszeichnungen gewonnen, unter anderem den RIBA Stirling Prize 2007. David Chipperfield unterrichtet und lehrt sowohl in Europa als auch den USA. Zu seinen wichtigsten Werken in Deutschland gehören neben dem Neuen Museum in Berlin das Literaturmuseum der Moderne am Deutschen Literaturarchiv in Marbach (2006), die Kunstgalerie am Kupfergraben in Berlin (2006 – 2007) und der 2007 begonnene Erweiterungsbau des Folkwangmuseums in Essen.

Julian Harrap

Julian Harrap wurde 1942 in Essex, Großbritannien, geboren. Er studierte in London Architektur bei Sir Lesley Martin, Sir James Sterling und Colin St John Wilson. Nach sechsjähriger praktischer Arbeit machte er sich selbstständig. Julian Harrap besitzt herausragende Kenntnisse und ein außergewöhnliches Verständnis für Planung, Technologie und Materialien, die bei der Erhaltung historischer Gebäude Verwendung finden. Er war Mitglied der Denkmalschutzgremien von Kulturschutzorganisationen in Großbritannien und hält regelmäßig europaweit Vorlesungen zur Theorie und den Techniken der konservierenden Wiederherstellung. Seit zehn Jahren ist Harrap Berater der Royal Academy für historische Gebäude. Wichtige Aufträge betrafen u.a. das Sir John Soane's Museum/ London und Pitzhanger Manor, des weiteren Bauten von Hawksmoor, Vanbrugh, Sir Charles Barry und John Nash.

LITERATUR

Friedrich August Stüler: Bauwerke von A. Stüler, Teil I, Das Neue Museum
in Berlin (24 Tafeln), Berlin 1862.

Richard Lepsius: Königliche Museen. Abtheilung der Ägyptischen Alter-
thümer: Die Wandgemälde der verschiedenen Räume, Berlin 1855.

Günther Schade: Die Berliner Museumsinsel. Zerstörung, Rettung, Wiederaufbau, Berlin 1986.

Werner Busch: Wilhelm von Kaulbach – peintre-philosophe und modern
painter. Zu Kaulbachs Weltgeschichtszyklus im Berliner Neuen Museum, in: Hegel-Studien, Beiheft 27, Welt und Wirkung von Hegels
Ästhetik, Bonn 1986, S. 117 – 138.

Hartmut Dorgerloh: Die museale Inszenierung der Kunstgeschichte. Das
Bild- und Ausstattungsprogramm des Neuen Museums zu Berlin,
Diplomarbeit Humboldt-Universität zu Berlin 1987.

M. Mutscher: Das Neue Museum von F. A. Stüler als ein Höhepunkt der
klassizistischen Architekturentwicklung. Ein Beispiel für neue Bau-
gestaltungs- und Konstruktionsziele des 19. Jahrhunderts, 2 Bde.,
Diss. Technische Universität Dresden 1988.

Hartmut Dorgerloh: ›Eine Schöpfung von großem Reichthum poetischer
Erfindung‹ – der Relieffries ›Die Zerstörung Pompejis‹ von Hermann
Schievelbein im Griechischen Hof des Neuen Museums, in: Staat-
liche Museen zu Berlin (Hg.): Forschungen und Berichte, 31 (1991),
S. 281 – 292.

Annemarie Menke-Schwinghammer: Weltgeschichte als Nationalepos.
Wilhelm von Kaulbachs kulturhistorischer Zyklus im Treppenhaus
des Neuen Museums in Berlin, Berlin 1994.

Senatsverwaltung für Stadtentwicklung und Umweltschutz (Hg.): Das
Neue Museum in Berlin. Ein denkmalpflegerisches Plädoyer zur ergänzenden Wiederherstellung, Berlin 1994 (= Beiträge zur Denkmalpflege in Berlin, Heft 1).

Museumsinsel Berlin – Wettbewerb zum Neuen Museum, hrsg. von der
Bundesbaudirektion, Stuttgart / Berlin / Paris 1994.

Thomas Gaehtgens: Die Berliner Museumsinsel im deutschen Kaiserreich, München 1992.

Stülers Neues Museum und die Spreeinsel als Forum für die preußische
Residenzstadt (Beiträge von Hartmut Dorgerloh, Monika Wagner,
Werner Lorenz, Anke Borgmeyer, Jörg Haspel u.a.) in: Berlins Museen

– Geschichte und Zukunft, hrsg. vom Zentralinstitut für Kunstgeschichte, München, München / Berlin 1994, S. 79 – 154.

Werner Lorenz: Stülers Neues Museum – Ikunabel preußischer Konstruk-
tionskunst im Zeichen der Industrialisierung, in: Zentralinstitut für
Kunstgeschichte München (Hrsg.): Berlins Museen. Geschichte und
Zukunft, München 1994, S. 99 – 112.

Eva Börsch-Supan: Das Neue Museum in Berlin. Über den Umgang mit
einem Baudenkmal, in: Die Denkmalpflege, 53. Jg. Heft 1, 1995, S. 5 – 21.

Kunstchronik 1997/98 (Adrian von Buttlar: Erhaltungsziel Museumsinsel,
8/1997, S. 391 – 396; Dietrich Wildung: Der Denkmalbegriff eines
Denkmalpflegers, 12/1997, S. 679 – 681; Achim Hubel: Der Denkmalbegriff eines Archäologen?, 1/1998, S. 45 – 46).

Eva Börsch-Supan, Dietrich Müller-Stüler: Friedrich August Stüler
1800 – 1865, München / Berlin 1997.

Staatliche Museen zu Berlin – Stiftung Preußischer Kulturbesitz (Andres
Lepik) (Hrsg.): Masterplan Museumsinsel Berlin. Ein europäisches
Projekt, Berlin 2000.

Elsa van Wezel: Die Konzeptionen des Alten und Neuen Museums zu Berlin und das sich wandelnde historische Bewußtsein (= Jahrbuch der
Berliner Museen, 43/2001, Beiheft), Berlin 2001, Teil II, S. 111 – 222.

Falk Jäger: Intervention auf leisen Sohlen – der Londoner Architekt David
Chipperfield, und: Gedanken von David Chipperfield zum Masterplan, in: Carola Wedel (Hrsg.): Die neue Museumsinsel, Der Mythos –
der Plan – die Vision, Berlin 2002, S. 144 – 148 und 148 – 156.

David Chipperfield: Das Neue Museum, in: Jahrbuch Preußischer Kulturbesitz, Bd. 40, Berlin 2003, S. 83 – 107.

Ders. (Hrsg.): Neues Museum – Dokumentation und Planung, Berlin 2003.

Das Neue Museum in Berlin – Konzeption der Gesellschaft Historisches
Berlin zum Wiederaufbau der Treppenhalle (Text: Christa Sammler),
Gesellschaft Historisches Berlin 2005.

Eva Heinecke: Studien zum Neuen Museum in Berlin 1841 – 1860, Bau-
geschichte – Verantwortliche – Nordische und Ägyptische Abteilung
– Geschichtskonzept, unpubl. Diss. Technische Universität Berlin 2006.

Bénédicte Savoy (Hrsg.): Tempel der Kunst – Die Geburt des öffentlichen
Museums in Deutschland 1701 – 1815, Mainz 2006.

Das Neue Museum, Berlin. Der Bauzustand um 1990 / Fotografien von
Andres Kilger; mit einem Text von Bernhard Maaz, Berlin 2009.

ANHANG

Das Neue Museum (Berlin), in: Wikipedia
  http://de.wikipedia.org/wiki/Neues_Museum_(Berlin).

Das Neue Museum in Berlin (Beiträge von Kaye Geipel, Jürgen Tietz,
  Nikolaus Bernau, Georg Mörsch) in: Bauwelt 13 (2009), S. 14 – 37.

Staatliche Museen zu Berlin – Stiftung Preußischer Kulturbesitz (Hrsg.):
  Das Neue Museum Berlin. Konservieren, Restaurieren, Weiterbauen
  im Welterbe (Redaktion Oliver G. Hamm), Leipzig 2009.

Staatlichen Museen zu Berlin – Stiftung Preußischer Kulturbesitz (Hrsg.):
  Neues Museum. Architektur, Sammlung, Geschichte (Redaktion Elke
  Blauert), Berlin 2009

ANMERKUNGEN

[1] Leo von Klenze, Aphoristische Bemerkungen, gesammelt auf seiner Reise in Griechenland – mit einem Tafelatlas, Berlin 1838; Gemälde in der Eremitage St. Petersburg (1835). Adrian von Buttlar: Leo von Klenze, Leben – Werk – Vision, München 1999, S. 342 – 352.

[2] Boetticher (1806 – 1889) wurde 1868 Direktor der Berliner Skulpturensammlung und damit auch der Abgusssammlung im Neuen Museum.

[3] Dazwischen: Homer und die Blüte Griechenlands, Die Zerstörung Jerusalems, Die Hunnenschlacht und Die Kreuzfahrer vor Jerusalem sowie auf Goldgrund Allegorien der Sage, der Geschichte, der Kunst und der Wissenschaft und Porträts der großen Gesetzgeber Solon im Verbund mit Venus, Moses im Verbund mit Isis, Karl der Große mit einer Italia und Friedrich II. von Hohenstaufen mit einer Germania.

[4] Der Kommission gehörten Ernst Badstübner, Hartmut Dorgerloh, August Gebeßler, Thomas Mader, Helmut F. Reichwald, Manfred Schuller und Wolfgang Wolters an.

[5] Landeskonservator Jörg Haspel und die Konservatoren Frank Pieter Hesse und Norbert Heuler.

[6] Präsident Florian Mausbach, Referentin Barbara Große-Rhode, Projektleiterin Eva Maria Niemann.

[7] Design Director Alexander Schwarz, Projektarchitekten Martin Reichert und Eva Schad sowie im Bereich der Konservierung und Restaurierung Projektleiter Wulfgang Henze (BBR) und zahlreiche namhafte Fachrestauratoren und Spezialfirmen.

[8] Vgl. dazu den 2009 erschienenen Sammelband »Neues Museum – Konservieren, Restaurieren, Weiterbauen im Welterbe«.

[9] Nach Elsa van Wezel 2001.

[10] Verloren sind der Hathortempel und das Typhonium zu Dendera, Das Ramesseum und die Memnonstatuen zu Theben, der Tempel zu Gerf Hussein, die Felsengräber von Beni Hasan, die Pyramiden von Gizeh und eine Ansicht von Meroe.

[11] Der Unterweltherrscher Pluto auf dem als Ungeheuer dargestellten Vulkan Vesuv thronend, während Helios (Sonne) und Luna (Mond) auf ihren Gespannen hinabfahren und der Finsternis weichen. Zugrunde lag der populäre Roman »Die letzten Tage von Pompeji« von Edward Lytton Bulwer (1803 – 1873), der 1836 in London erschienen war und schon 1837 von Friedrich Förster, Mitarbeiter der Kunstkammer, kommentiert in Potsdam erschien. Im zeitgenössischen Verständnis wurde die Katastrophe als Zeitenwende von der antik-heidnischen zur frühchristlichen Welt verstanden.

[12] Nach Jacob Grimm, Deutsche Mythologie, Berlin 1834/1844 und August Schrader, Germanische Mythologie, Berlin 1843. Die Maler waren Robert Müller, Gustav Heidenreich und Gustav Richter, korrigiert von Wilhelm von Kaulbach.

[13] Metopen und Friesteile des Parthenon, des Hephaisteions in Athen sowie des Mausoleums von Halikarnass und des Nereidenmonuments von Xanthos.

[14] Stüler 1862.

[15] Dietrich Wildung (Ägyptisches Museum und Papyrussammlung), Andreas Scholl, Martin Maischberger (Antikensammlung), Wilfried Menghin, Matthias Wemhoff (Museum für Vor- und Frühgeschichte)

BILDNACHWEIS

Abb. S. 2 Große Treppenhalle
(2.00), 2009
Abb. S. 4 Blick vom Niobidensaal
(2.11.) in den Nordkuppelsaal
(2.10.), 2009
Abb. S. 96 Blick vom Römischen
Saal (2.02.) durch den
Bacchussaal (2.01.), den Niobidensaal (2.11.) in den Nordkuppelsaal (2.10.), 2009

© Jürgen Albrecht
Abb. 25, 53
© bpk / Andrea Kroth
Abb. 46
© bpk / Hermann Rückwardt
Abb. 4
© bpk / Kunstbibliothek, SMB /
Dietmar Katz
Abb. 56
© bpk / Kupferstichkabinett, SMB
Abb. 3
© bpk / Kupferstichkabinett, SMB /
Jörg P. Anders
Abb. 2, 11, 41, 42
© bpk / Reinhard Görner
Abb. 29, 47, 48, 50, 60, 61,
Abb. S. 2
© bpk / Scala
Abb. 43
© bpk / Stiftung Preußischer
Kulturbesitz, ART+COM
Abb. 15
© bpk / Zentralarchiv, SMB
Abb. 7, 9, 13, 40
© bpk / Zentralarchiv, SMB / Knud
Petersen
Abb. 14
© Jörg von Bruchhausen
Abb. 10, 23, 24, 34, 54
© Adrian von Buttlar
Abb. 44

© David Chipperfield Architects
Abb. 5, 21, 27, 36, 62, Um-
schlagabbildungen Innen-
seiten
© Otto Cürlis / Zentralinstitut
für Kunstgeschichte –
Photothek für die Bundes-
republik Deutschland
Abb. 49, 51
© The State Hermitage Museum
Abb. 6
© Markus Hilbich
Abb. 20
© Johannes Kramer
Abb. 18, 31, 32, 52, 56, 57
© Brandenburgisches Landesamt
für Denkmalpflege und
Archäologie
Umschlagabbildung hinten
© Christian Richters
Abb. 16, 22, 26, 31, 39, 45, 59
© Stiftung Preußischer Kultur-
besitz / ART+COM
Abb. 19
© Stiftung Preußischer Kultur-
besitz / David Chipperfield
Architects, photographer:
Jörg von Bruchhausen
Abb. 38
© Stiftung Preußischer Kultur-
besitz / David Chipperfield
Architects, photographer:
Ute Zscharnt
Abb. 12, 37, 58, Abb. S. 4, 96,
Umschlagabbildung vorn
© Stiftung Preußischer Kultur-
besitz / Imaging Atelier
Abb. 17
© Tomasz Tarczynski
Abb. 33
© Peter Thieme / BBR
Abb. 35

IMPRESSUM

Der Verlag dankt dem Autor, allen Bildleihgebern, Fotografinnen und Fotografen sowie dem Büro David Chipperfield Architects, namentlich Martin Reichert, Maria Zedler und Nina Helten, für die hervorragende Zusammenarbeit.

Bibliografische Information der Deutschen Nationalbibliothek

Die Deutsche Nationalbibliothek verzeichnet diese Publikation in der Deutschen Nationalbibliografie; detaillierte bibliografische Daten sind im Internet über http://dnb.d-nb.de abrufbar.

Lektorat: Martin Steinbrück
Herstellung: Jens Möbius
Entwurf und Layout: Barbara Criée, Berlin
Reproduktionen: bildpunkt, Berlin
Druck und Bindung: MEDIALIS Offsetdruck, Berlin

© 2009 Staatliche Museen zu Berlin, Deutscher Kunstverlag GmbH
Berlin München
ISBN 978-3-422-06889-6

ANHANG